ゴータマ・ブッダ その先へ

思想の全容解明

羽矢辰夫
HAYA Tatsuo

春秋社

ゴータマ・ブッダ　その先へ——思想の全容解明　目次

序章 …… 3
一 無常 5
二 因果 11
第一章 十二因縁その先へ …… 17
一 十二因縁 17
二 十二因縁の解釈 23
三 イダッパッチャヤター（此縁性）とパティッチャサムッパーダ（縁起） 27
四 サンカーラとことば 36
五 諸行無常 41
六 サンカーラと現代的課題 46
七 希望の仏教 54
第二章 縁起その先へ …… 59
一 縁起の実感 59

二　縁起――行為とその結果　63
三　スティーブ・ジョブズのスピーチ　67
四　縁起（パティッチャサムッパーダ）とは何か　74
五　ナーガールジュナ（龍樹）と縁起　80

第三章　無常・苦・非我その先へ……87

一　無常・苦・非我の教説　89
二　無常・苦・非我以外の教説　90
三　考察　97
四　苦の二つの意味　101
五　無常・苦・非我に関わる教説への適用　103
六　まとめ　105
七　色・受・想・行・識とは何か　106

第四章　四諦その先へ……121

一　聖なるものの探究　121

二　梵天勧請　128
三　初転法輪　133
四　縁起法頌　145
五　六諦と四諦　150
六　非我相経（参考）　163

第五章　無我その先へ……165
一　無我の解釈　165
二　無分別の解釈　173
三　欲望の解釈　182
四　三段階成長論　189
五　末と超の混同　196

終　章……207

あとがき　219

ゴータマ・ブッダ　その先へ
――思想の全容解明

序章

歴史上に実在したゴータマ・ブッダについて、わが国でその存在が意識され、一般に認知されるようになってから、百年くらいの年月が経ちます。ゴータマ・ブッダはどのように生きて、どのように死んだのか、どのような思想をいだいて、どのような教えを説いたのか、これらの問題について、多くの人々が熱心に問いつづけ、たゆまず探求してきました。とくに、ゴータマ・ブッダの思想の核心は何か、という問題は最重要課題であり、原始仏教経典に説かれた教えを手がかりとして、さまざまな解釈が提示されてきました。

ゴータマ・ブッダは出家者、在家者を問わず、多様に教えを説いています。出家者に対しては基本的に、修行を完成させ、実存的な苦しみから解放されて安らぎを得ることを説いています。在家者に対しては基本的に、りっぱな凡夫になり、来世に天界に生まれるために善い行為を行なうことを説いています。いずれもゴータマ・ブッダによって説かれた教えです。これだけ教えに幅がありますから、解釈に幅があっても当然です。そうでなくても、立場や視点や関心の違いによって解釈は異なるものです。
「人は自分の見たいものしか見ない」とはよくいったもので、数多くの解釈が試みられてきましたが、すべて「自分の見たいもの」です。たとえ客観性をよそおい、恣意性を排除しているように見せかける学問的解釈であっても、まさしくそれが「自分の見たいもの」です。また、「人は自分が見えないものは見えない」ものです。マンションの一階に住む人は五十階に住む人が見える風景は見えません。同じ風景を見るためには五十階まで登らないといけません。ただし、そこでも「見たいものしか見ない」かもしれません。五十階に住む人も「見たいものしか見ていない」かもしれません。

凡夫が上手に凡夫の絵を描いたとしても、凡夫の枠は超えられません。近代に端を発する学問そのものが凡夫の営みです。凡夫ということばを使っていますが、けっして悪い意味ではありません。「ふつうの人」という意味で、ふつうに生まれ、ふつうに育ち、ふつうに老い、ふつうに死んでいく、わたしたち自身のことです。筆者はゴータマ・ブッダを、凡夫の枠のその先に位置づけています。これから、凡夫が凡夫の枠を超えた者の絵を描こうとしています。僭越ではありますが、だれかの気づきにつながり、さらにその先に進めてくれることを期待しています。

その前に、ゴータマ・ブッダや仏教の思想を理解するときの盲点というか、妨げになっているとと思われる二つのことばについて、決着をつけておきたいと思います。

一　無常

「ゴータマ・ブッダは無常を説いた」といわれます。「諸行無常」ということばはよく知られています。仏教を学びはじめたころに、無常は仏教の真理であるといわれて、不思議に感じたものです。変わらないものはない、ということぐらいは知っているのに、と。わが国で教育を受けた者であれば、だれでも知っていることでしょう。しかし、これをあたかも高邁で普遍的な仏教の真理であるがごとくに吹聴する仏教者に対して、異議を唱えられませんでした。仏教の真理を知らない自分が無知なのであろうと考えて、何もいえませんでした。いまなら分かります。だれもが知っていることを、さも自分が仏教を勉強して身につけたかのごとくに説いてまわる仏教者は、仏教の権威をかりて、何でもないものを何か特別なものであるかのように語っているだけだ、と。

「はだかの王様」のように、仏教という権威にひるんで、知っているのに、知っていないように思わされるのはもうよしましょう。わたしたちは無常を知っています。上記のような仏教者は数ある仏教の教えのなかで無常だけを理解できたのでしょう。それは、残念ながら、仏教を学ばなくてもわかっていたことです。他の教えが理解できなかったので、最も理解しやすい無常に過剰に執着したのかもしれません。無常を知ることそのものは究極の目的にはなり得ません。修行を重ねたすえに無常を知るようになるのではないということです。なぜなら、最初から知っているからです。

大震災と大津波で大切な身内や友人を亡くして悲しみにくれる人々に対して、「無常は真理である。だから悲しむな」と教えを説いた仏教者がいます。「自分は仏教の真理である無常を知っているので悲しまない。あなたたちは無知だから悲しむのである。無常は真理なのである。それを知れば、悲しまなくてすむ」とでもいわんばかりに感じられました。一方、原始仏教経典のなかで教えを説くゴータマ・ブッダは、師であるゴータマ・ブッダの死が迫って悲しむ弟子のアーナンダに対していいます。「アーナンダよ。悲しむな。いつもいって聞かせていたではないか。愛する人とも別れざるを得ず、生まれたら死なないということはありえない、と」。

大切な人との別れに接した人に対して、同じように、悲しむな、といっていますが、前者からは冷たさを、後者からは暖かさを感じます。もちろん、状況の違いはあります。ただ、前者は「わたし」だけが無常という真理を知っているというこだわりが強すぎて、現実に寄り添うことができていない印象を受けます。後者はアーナンダの気持ちに寄り添いながら、やさしく教えさとす様子がうかがわれます。

また、前者は真理である無常を知ることによって、悲しみを克服することが目的のようです。悲しみを無理やり抑えこんだように見えれば目的は達成されます。しかし実際には、表層的には目的を達成できるかもしれませんが、深層的には不全感が残ります。心底から解決できないからです。かえって真理を知っている「わたし」への慢心が増長される可能性があります。先述のような語り口にその片鱗が見られます。凡夫のままで無常を真理と見てしまうと、ニヒリスト（虚無主義者）かエゴイスト（利己主義者）、あるいは両者になってしまうことでしょう。

後者はだれでも知っている無常や悲しみをきっかけとして、より本質的な問題へと導くことを目的とします。ゴータマ・ブッダを悩ませた実存的な苦しみという問題です。悲しみを無理やり抑えこむことはしません。無常との葛藤から実存的な苦しみが生じるのですから、この悲しみのプロセスは不可欠のものです。多くの人々はこの辛いプロセスを避けようとして、無理な抑えこみを望み、あるいは時間の経過に期待をかけます。けっして悪いことではありません。こちらの方がふつうです。無意識のうちに自分を守ろうとしているのです。実存的な苦しみにもがき悩む少数の人々は、自覚するしないにかかわらず、人生を深く考えるようになりますが、問題そのものは容易に解決できないために絶望してしまうこともあります。このような人々にとって、この実存的な苦しみを解決してその先にいるゴータマ・ブッダの思想は傾聴に値し、その方法は試す価値があると思います。

東南アジアの上座仏教（テーラヴァーダ）のお坊さんに聞いたことがあります。瞑想修行をしていくと、ものごとが光の速さで生滅する様子がわかるそうです。これで無常が真理であることを知るそうです。複数のお坊さんがいっていたので、ある程度共有されているようです。「光速」という点がよく理解できませんが、多少の誇張があったとしても、それなりの経験ができるのでしょう。一生かかるかもしれないような修行ですが、これで知った無常とわたしたちが通常身につける無常とで、何がどう違うのでしょうか。

お坊さんは修行の結果、無常を知ります。これが修行の目的のようです。筆者は、ゴータマ・ブッダが瞑想の師について修行し、目的とされた瞑想の特定の境地に達したものの、それは苦しみの解決に結びつかないとして師のもとを去る逸話を思いおこします。逆にいうと、ここまでしないと無常を実感できない人の感受性とは何なのでしょうか。ゴータマ・ブッダにしたがって修行していたとしても、実存的な苦しみを感じていなければ、このような経験をして無常を知ることそのものが目的となり、さらにはそのことがステータスにもなります。それによって「わたし」が増強されるのは目に見えています。

似たような話ですが、瞑想修行中に光が見えるか見えないかが重要な指標にされることがあります。光を見るような経験は、実際に起こることです。しかし残念ながら、ある心理学者の見解によると、こころの奥深くに入りこむときによく生じる現象であり、多くの場合、現象そのものに意味はないということです。

たしかに、ゴータマ・ブッダは無常を説いています。その無常はゴータマ・ブッダが真理として見出した無常ではありません。原始仏教経典では、無常は何の根拠もなく使われます。無常の根拠としてしばしばもちだされる「縁起によって無常である」などという文言はありません。根拠は示されないのです。縁起と結びつけると、なんとなく教義として重要であるような印象をもたれますが、そんなにもったいぶって使われることはありません。だれもが知っていることが前提で説かれているように思われます。ゴータマ・ブッダはだれもが知っているし、そこを通らないと実存的な問題に触れられない（死ぬこと、すなわち無常を知らないと実存的な苦しみは生じない）無常を使って、本質的な問題への誘導を図ったのではないでしょうか。すなわち、サンカーラの問題や非我の教えなどへと導いたのではないかと思われます（本編を参照）。

わたしたちは無常を知っています。そこから修行が始まるかどうかは、葛藤が生じたときに、耐えきれずに避けてしまうか、あるいは耐えて向きあえるかどうかにかかっているといえるでしょう。真理としての無常がわからなければ前に進めないといわれると、わたしたちはほとんど一歩も前進できません。権威主義的で検証不能な言説がブレーキをかけます。そうではなく、無常を知ったうえで、そこからどのように行動するかが問われるのであれば、わたしたちにも希望があります。

本書は、葛藤に向きあいながら絶望しかけている人々の手がかりになるべく、ゴータマ・ブッダの思想を解釈しています。ゴータマ・ブッダはさまざまに教えを説いていますが、思想の核心はこのような人々に最も必要とされているように思います。ゴータマ・ブッダその人が、まさしく葛藤に向きあって格闘し、絶望しかけ（絶望したかもしれません）、そこから解決にいたったからです。とはいえ、見えたものから見たいものを見ているという立場には変わりはありません。

以下の文章を対照してみてください。

龍樹祖師の曰く、ただ世間の生滅無常を観ずるの心もまた菩提心と名づく。しかればすなわちしばらく此心に依るは菩提心たるべき者か。まことにそれ無常を観ずるの時、吾我の心生ぜず、名利の念起こらず、時光のはなはだ速やかなることを恐怖す。

（道元『学道用心集』第一）

ゆく川の流れは絶えずして、しかも、もとの水にあらず。淀みに浮かぶうたかたは、かつ消えかつ結びて、久しくとどまりたるためしなし。……朝に死し、夕に生まるるならひ、ただ水の泡にぞ似たりける。……無常を争うさま、いわば朝顔の露に異ならず。

（鴨長明『方丈記』）

祇園精舎の鐘の声、諸行無常の響きあり。沙羅双樹の花の色、盛者必衰の理をあらわす。おごれる人も久しからず、ただ春の夜の夢のごとし。たけき者も遂にはほろびぬ、ひとえに風の前の塵に同じ。

（『平家物語』巻第一）

道元がゴータマ・ブッダに近く、鴨長明と『平家物語』がわたしたちに近いように思われます。実際に行動に移すか、ただ虚しく眺めているだけか。いずれにしても、無常を知っているという点は同じです。

二　因果

「ゴータマ・ブッダは因果を説いた」といわれます。因果についても、わが国で教育を受けた者であれば、容易に理解できます。ところが、「古代インドにおいて、ゴータマ・ブッダ以前の人々は因果を知らなかった。ゴータマ・ブッダはそれを発見した」といわれることがあります。本当でしょうか。ゴータマ・ブッダ以前の人々は本当に因果を知らなかったのでしょうか。そんなことはないでしょう。輪廻転生の思想が広く知られている世界で、因果を知らないはずはありません。過去の行為が原因で現在の境遇が結果としてある、現在の行為が原因で来世の境遇が結果としてある、というのは輪廻転生において常識であり、暗黙の前提です。因果に対する共通の了解がなければ輪廻転生の思想は成立しません。

ゴータマ・ブッダの思想とされるなかで重要な教えに、無明―行―識―名色―六処―触―受―愛―取―有―生―老死・苦という項目の連鎖を跡づける十二因縁があります。無明を原因として……因果の連鎖をたどると……苦しみという結果が生じ、無明という原因が滅することによって……今度は消滅の連鎖をたどると……苦しみという結果が滅するというものです。この十二因縁の主旨を因果と解釈し、ゴータマ・ブッダは因果の法則に目覚めたといわれることがあります。

ところが、因果と解釈すると困ったことが起こります。伝承によると、ゴータマ・ブッダは目覚めたあとに他者に教えを説くのをためらったとされます。ふつうの人には理解できないだろうから、説いてもむだであると考えたといわれます。十二因縁の主旨が因果であるとすれば、ふつうの人にも理解できるので、ためらう必要はありません。また、もしそうであれば、だれでも知っていることなので、あらためて説く必要もありません。ゴータマ・ブッダはだれもが知っていることに目覚め、それをわざわざ他者に説いたのでしょうか。ゴータマ・ブッダの目覚めにも疑問が生じます。そこの矛盾に気づいた人が、ゴータマ・ブッダの権威（？）（あるいは、仏教者としての自分自身の権威）をおとしめないために、さきほどのような「ゴータマ・ブッダ以前の人々は因果を知らなかった」などという無理な理屈を考えだしたのでしょう。

十二因縁の主旨が因果であるという解釈そのものが間違っているのではないでしょうか。筆者も考えました。水源を縁として水勢があり、水勢を縁として川床があり、川床を縁として両岸があり、両岸を縁として水流があり、水流を縁として保津川があり、保津川を縁として渡月橋があり、渡月橋を縁として桂川がある。水源が滅すれば水勢が滅し、水勢が滅すれば川床が滅し、川床が滅すれば両岸が滅し、両岸が滅すれば水流が滅し、水流が滅すれば保津川が滅し、保津川が滅すれば渡月橋が滅し、渡月橋が滅すれば桂川が滅する。「保津川下り因縁」とでも名づけましょうか。水源を原因として、桂川が結果としてある、とはいえますが、これを因果の法則とはいわないと思います。

因果を知ることそのものは究極の目的にはなり得ません。修行を重ねたすえに因果を知るようになるのではないということです。なぜなら、最初から知っているからです。あまりにも自明のことなので、深遠さ（？）を加えようとして、あるいはただの興味本位から、同時因果とか、一因多果などといった理論が論師たちによってさまざまに思いつかれ、後世の仏教者たちを無益に悩ませてきました。現在も混乱は収まっていません。ゴータマ・ブッダであれば、毒矢のたとえを説くことでしょう。毒矢に射られているのにもかかわらず、矢が何で作られているか、誰が射たのか、などをすべて知るまで毒矢を抜かせないと言い張り、ついには死んでしまう人のたとえです。

因果という視点で考えると、十二因縁の場合、なぜ無明で始まり、なぜ苦しみで終わっているのでしょうか。無明の原因は何なのでしょう。無明の原因が追求されるべきです。さらなる原因も追求されるべきです。また、苦しみの結果も追求されるべきです。さらなる結果も追求されるべきです。いまの十二の項目の前後に項目が無限に拡がっていきます。このような探求に意味がないことは明らかです。ゴータマ・ブッダは、どこまでも連なる因果を追求したかったわけではありません。現実の実存的な苦しみを解決するために、苦しみを生じさせているそもそもの原因は何なのかを追求し、その根本を解決して苦しみを消滅させようとしただけなのではないでしょうか。大切なのは、原因は何かということです。そもそも実存的な苦しみが、因果という法則を知ることで解決できるとは思われません（詳しくは、第一章「十二因縁その先へ」を参照）。

たしかに、ゴータマ・ブッダは因果を説いています。その因果はゴータマ・ブッダが真理として見出した因果ではありません。因果はだれもが知っていることが前提で説かれています。ゴータマ・ブッダが最初に説いた教えは四諦説とされます。四諦とは四つの真実という意味で、苦しみという真実、苦しみの生起（原因）という真実、苦しみの消滅という真実、苦しみの消滅に導く方法という真実です。苦しみという現実があり、その苦しみは原因に縁って生じている、だから原因を解決すれば苦しみは滅する、そのための方法がある、ということです。因果に対する共通の了解がなければ、他者に対して説くことはできないでしょう。だれもが知っているからこそ、説法が成立したのだと思います。

四諦説は、病気、病気の原因、病気の治癒、処方箋にたとえられます。医者は患者を診察して病気を診断します。病気の原因をつきとめて病気の治癒につながる処方箋をだします。患者にとって大切なのは、病気は因果があって生じている、ということでしょうか。それとも、病気の原因をつきとめ、病気の治癒につながる治療法が提示されることでしょうか。「この病気は因果があって生じていることは分かりますが、原因が何かは分かりません。とりあえず薬をだしますから、何かあったらまた来てください」といわれることがあります。原因も分からずに、どうして薬がだせるのでしょうか。また来ても、何の治療にもつながらないことは明白です。原因が分からなければ、治療につながりません。一番大切なのは原因をつきとめることです。因果は了解済みの前提です。

四諦説についても、一番大切なのは原因をつきとめることなのではないでしょうか。苦しみが因果があって生じているということはだれでも知っています。分からないのは原因です。原因が分からないので、治療しようにもできないのです。ゴータマ・ブッダはこの原因をつきとめたからこそ、治療でき、他者にも処方箋がだせたのです。

第一章　十二因縁その先へ

一　十二因縁

ゴータマ・ブッダは目覚めてブッダになったときに、十二因縁を考察したといわれます。それは、「どのようにして苦しみは生じるのか。また、どのようにして苦しみは滅するのか」という問題でした。そのメカニズムは次のように説かれています。

無明を縁として〔自他分離的〕自己形成力（行）が生じ、〔自他分離的〕自己形成力を縁として意識（識）が生じ、意識を縁として外的対象世界（名色）が生じ、外的対象世界を縁として六つの感覚器官（六処）が生じ、六つの感覚器官を縁として〔感覚器官と外的対象世界と意識との〕接触（触）が生じ、〔感覚器官と外的対象世界と意識との〕接触を縁として感受（受）が生じ、感受を縁として渇愛（愛）が生じ、渇愛を縁として執着（取）が生じ、執着を縁として生存（有）が生じ、生存を縁として生まれ（生）が生じ、生まれを縁として老い、死、愁い、悲しみ、苦しみ、憂い、悩みが生じる。このようにして、すべての苦しみの集まりが生じる。

しかしながら、まさにその無明が〔瞑想などの実践を経て〕残りなく消失し滅するがゆえに〔自他分離的〕自己形成力が滅し、〔自他分離的〕自己形成力が滅するがゆえに意識が滅し、意識が滅するがゆえに外的対象世界が滅し、外的対象世界が滅するがゆえに六つの感覚器官が滅し、六つの感覚器官が滅するがゆえに〔感覚器官と外的対象世界と意識との〕接触が滅し、〔感覚器官と外的対象世界と意識との〕接触が滅するがゆえに感受が滅し、感受が滅するがゆえに渇愛が滅し、渇愛が滅するがゆえに執着が滅し、執着が滅するがゆえに生存が滅し、生存が滅するがゆえに生まれが滅し、生まれが滅するがゆえに老い、死、愁い、悲しみ、苦しみ、憂い、悩みが滅する。このようにして、すべての苦しみの集まりは滅する。

（『ウダーナ』一、二ページ）

※以下、テキストはＰＴＳ版による

この十二因縁をめぐって、これまでさまざまな解釈が行なわれてきました。

まず、これら十二の項目が相互に依存しあっていること（相依性）を説いているという解釈があります。しかし、テキストを冷静に見ると、一方的な関係が示されているだけで、どの項目も相互に依存しあっていません。大乗仏教の縁起という理念をここに適用したいという意図は理解できますが、原始仏教経典全般を見ても相互依存関係はほとんど説かれていないので、この解釈には無理があります。

つぎに、これら十二の項目が前世、現世、来世の三世の輪廻を説いているという解釈があります。しかし、これもテキストを冷静に見ると、三世の輪廻を説くのであればもっと理にかなったわかりやすい表現の仕方があるべきだと思わせます。趣旨が異なって説かれた教えを、強引に輪廻にひきつけて解釈している印象です。信じこまないままで納得するには、かなり無理をしなければなりません。

さらに、これら十二の項目が「因果の法則」を示しているという解釈があります。「～を縁として～が生じる」という表現から、そのように考えられたと思われます。しかし、これもテキストを冷静に見ると、これら十二の項目のそれぞれが本当に因果の関係にあるのかどうか、疑わしいものばかりです。因果の関係のようにそれらしく説明されますが、納得できる説明を聞いたことがありません。

最も因果の関係らしく思わせるのは、生まれを縁として老い、死、愁い、悲しみ、苦しみ、憂い、悩みが生じる、というものでしょうか。とくに死の原因は生まれである、と。しかし、わたしたち日本人の死の原因は、一位がガンで、二位が心疾患、三位が老衰です（二〇一九年調査）。死亡診断書に死因は生まれとは書けないでしょう。ちなみに、輪廻的にいえば、死を縁として〔次の〕生まれが生じる、ともいえます。生物的な現象と心理的な要素が混在しているのも、理解を困難にする一因です。因果的な側面はありますが、これら十二の項目によって示そうとする教えの要点は「因果の法則」ではないと考えます。

それでは、十二因縁はどのように解釈すればよいのでしょうか。本章の冒頭に述べたとおりです。苦しみを生じさせている原因を探り、その原因からどのようにして苦しみが生じているのか、またどのようにして苦しみは滅するのかを語る小さな物語なのではないか、というのが筆者の解釈です。因果論風のショート・ストーリーと見てはどうでしょうか。苦しみを生じさせている原因と結果としての苦しみだけを見れば因果論といえますが、その途中の項目はかならずしも因果的ではありません。何よりも重要なのは、十二因縁の要点は因果にはなく、原因を特定し苦しみを滅することにあるということです。以下に、筆者の補いをつけながら、十二因縁を組みたててみます。生まれも死も含めて、すべてこころの問題として考えます。

その理由も仕組みもわからない（無明）ものの、ばらばらに分離され孤立した自己を形成するもろもろの力（行）がはたらいて、固定的で実体的な「わたし」が変わることなく永遠に他と関係なくそれだけで存在するかのように思いこむ自他分離的自己が形成される。それとともに、わたしたちが日常的かつ常識的に疑いもなく身につけている、自己を中心として自己と世界が対立しているかのような認識の形態（意識（識））—外的対象世界（名色）—六つの感覚器官（六処）—感覚感官と外的対象世界と意識との接触（触））が成立する。そして、自己と自己以外のものを分け隔てたがいに何のつながりもなく孤立して存在しているかのように思いこむ自他分離的自己が、みずからの基準によって自己と世界を価値づけて受けとる（受）。それは自己中心的な欲望（愛）として無意識の習性となり、正体を現わさないまま、わたしたちを闇の底からつき動かす、得体のしれない衝動となっている。

そのような自己のあり方や認識の形態、自己と世界の価値づけはけっして絶対的なものではなく、いわばまったくの仮構なのである。しかし、そのことに気づかずに、これこそが自己と世界の唯一のあり方であるとして、みずからの固定的で実体的な「わたし」に過剰に執着し、自己中心的な欲望を燃料（取）とする生存（有）がいとなまれることになる。そのような生存においては、生まれ（生）と老い、死が生命のたどる正当なプロセスとして把握されず、不当で不条理な現象として把握されて、もろもろの実存的な苦しみがもたらされる。すなわち、変わることなく永遠につづくべき「わたし」が、なぜか老い、死んでしまう、その矛盾に耐えきれず、どうしようもない恐れや不安をいだくのである。わたしたちの実存的な苦しみはこのようにして生じるのである。

しかし、日常の何らかのきっかけ、あるいは瞑想などの実践によってかたくななな「わたし」の殻に亀裂が生じると、一大変化がおとずれる。すなわち、固定的で実体的な「わたし」が変わることなく永遠に他と関係なくそれだけで存在するかのように思いこむ自他分離的自己のあり方、自己を中心として自己と世界が対立しているかのような認識の形態、自己と自己以外のものを分け隔てたがいに何のつながりもなく孤立して存在しているかのように思いこむ自他分離的自己がみずからの基準によって世界を価値づけて受けとることと——それらが破られて仮構として自覚されるようになる。

と同時に、それだけで変わることなく永遠に存在するものなどなく、自己と自己以外のものが、区別はあるが隔てはなく、必然的につながりあい融合して存在している新しい世界（縁起の世界）が開けてくるのである。それがさとり体験であり、その体験とバランスのとれた洞察から、執着していた固定的で実体的な「わたし」そのものも仮構であったことがわかると、わたしたちを闇の底からつき動かしてきた得体のしれない衝動の正体が、ばらばらに分離され孤立した自己を中心とする欲望であったことが暴露され、その自己中心的な欲望は消失せざるを得なくなる。燃料がなくなれば、ばらばらに分離され孤立した自己を中心とする生存がいとなまれなくなる。新たな生存においては、生まれと老い、死が生命のたどる正当なプロセスとして把握され、不当で不条理な現象として把握されないので、実存的な苦しみとは感じられない。すなわち、変わることなく永遠につづくべき「わたし」が想定されないので、老い、死んでしまうことは矛盾ではなくなり、耐えるまでもなく、恐れや不安をいだくことはないのである。わたしたちの実存的な苦しみはこのようにして消滅し、至極の安らぎが得られるのである。

二　十二因縁の解釈

わたしたちは生まれて育てられ成長していくなかで、幼少期のあるとき、自分というものの存在に気づきます。そのときにはもうすでに自他分離的自己を形成する力によって自他分離的自己が形成されており、その自他分離的自己を中心としてこれもまた自他分離的世界がまわりに対立して存在しているかのように自己と世界を見ています。そのような自他分離的事態が起こっているとは夢にも思いません。なぜそうなっているのかと問うこともありません。問うたとしてもわからないでしょう。疑いようのない事実としてそこに現実にあるので、受けいれる以外にないからです。しだいに無意識のレヴェルで固定的で実体的な「わたし」が変わることなく永遠に他と関係なくそれだけで存在するかのような思いこみが浸透していきます（これにはまったく気づきません）。自他分離的自己を中心にすえる認識は習慣化し、自他分離的自己によって自己と世界を価値づけていきます。自他分離的自己は自己以外のものよりも自己を偏愛し、当然のように自己中心的な欲望をもつようになります。自己中心的な欲望は無意識の習性となって正体を現わさないまま、わたしたちを闇の底からつき動かす、得体のしれない衝動となっています。逆に、わたしたち自身を支配しているかもしれません。

これこそが自己と世界の唯一のあり方であるとして（これ以外のあり方を知らないから）、自他分離的自己を中心として自己中心的な欲望をもって人生がいとなまれます。そのような自他分離的自己がいとなむ人生では、生まれることと生きることと死ぬこととが生命あるもののたどる正当なプロセスとして把握されず、不当で不条理な現象として把握されます。あるとき、自分が死ぬということが避けようもなく突きつけられると、衝撃的な苦しみがもたらされます。すなわち、変わることなく永遠につづくべき「わたし」がなぜか死んでしまう、その矛盾に耐えきれず、どうしようもない恐れや不安をいだくのです。わたしたちの実存的な苦しみはこのようにして生じるのです。以上が前半部分です。

後半部分はテキストでは「～が滅する」としか記述していないので、ほとんどが推測です。従来の解釈では、前半部分は何とか説明しますが、後半部分は「このようにして苦しみは滅する」だけですませてしまいます。テキストに具体的な記述がないので、それ以上は説明しないのです。説明したくてもできないと言うかもしれませんが、こころの問題として解釈するのであれば、ここが説明できないと不完全です。ゴータマ・ブッダの思想を探求している者にとっては、何をおいても知りたいと思っている部分です。ゴータマ・ブッダはブッダになったあとも生きつづけています。苦しみは滅しましたが、どのようなこころのあり方で生きていたのでしょうか。原始仏教経典全体から推測できる範囲で提示できないと、ゴータマ・ブッダの思想の解明にはつながりません。ゴータマ・ブッダの思想の全体像がつかめないかぎりは、説得力をもって、これがゴータマ・ブッダの思想であるとはいえないからです。また、ブッダとしてのゴータマ・ブッダ自身の全体像がイメージできてはじめて、わたしたちのような凡夫からブッダへの道筋も見えてくるように思われます。

自他分離的自己を形成する力が静まったとき、これまでのような認識のあり方以外の認識のあり方に気がつきます。それだけで変わることなく永遠に存在するものなどなく、自己と自己以外のものが、区別はあるが隔てはなく、必然的につながりあい融合して存在している新しい世界が開けてくるのです。ここに瞑想的な実践の意義があります。何もしなくては、自他分離的自己を形成する力は静まってくれません。それでは、自他分離的自己を形成する力が静まると、自己はどのような自己として現われてくるのでしょうか。筆者自身の仏教的な瞑想と道教的な気功と心理学的なテクニックをさまざま試してみた経験から、「自他融合的自己」として現われてくると表現したいと思います。また、わたしたちを闇の底からつき動かしてきた得体のしれない衝動の正体が、自他分離的自己を中心とする欲望であったことが暴露され、自己中心的な欲望は消失します。そして、新たに自他融合的な欲望が現われてきます。自利利他的に質を高めた欲望は慈悲と呼ばれるべきものです。

自他融合的自己を基盤とする人生がいとなまれるようになります。自他分離的自己は滅するようにみえて実際には残ります。人間にとって不可欠的に必要とされるからです。現実の問題として、ブッダになったあとのゴータマ・ブッダにも自他の区別がありました。呼ばれれば答えてもいます。それでも凡夫とは違って、自他融合的自己にコントロールされているので、自他分離的自己は自由にふるまえません。新たな人生においては、生まれることと生きることと死ぬこととが生命のたどる正当なプロセスとして把握され、不当で不条理な現象として把握されないので、実存的な苦しみとは感じられなくなります。すなわち、変わることなく永遠につづくべき「わたし」が想定されないので、死んでしまうことは矛盾ではなくなり、耐えるまでもなく、恐れや不安をいだくことはないのです。わたしたちの実存的な苦しみはこのようにして消滅し、心底からの安堵感＝安らぎが得られるのです。以上が後半部分です。

三　イダッパッチャヤター（此縁性）とパティッチャサムッパーダ（縁起）

わたしたちが現在もちあわせている世界観や価値観や人間観は生まれもってあったわけではありません。生まれ育ち成長する過程で、家族や社会や教育などのまわりの影響で身につけていくものです。おおよそ二十一世紀の日本人が常識としているものから大きくはずれてはいません。また、奈良時代や平安時代の人々のような世界観や価値観や人間観とは明らかに異なります。おそらく、二十五世紀の日本人とも異なるものであろうことは予測できます。したがって、現在もちあわせている世界観や価値観や人間観は相対的であり、絶対的でないことは容易に理解できるでしょう。時代や地域によって変化し、あらゆる人間に普遍的にあてはまるものではありません。

ところが、わたしたちの自他分離的自己を中心にすえる認識のあり方については、あらゆる時代のあらゆる地域のあらゆる人間に普遍的にあてはまるものです。ふつうに生まれ、ふつうに育てば、知らないうちに自他分離的自己を形成する力がはたらいて、必然的にだれもがもってしまうものです。「もろもろの如来がこの世に現われても現われなくても定まり、真理として定まり、真理として確定しているイダッパッチャヤター」という文言はこのためにあるようなものです。わたしたちはただの「ふつうの人」＝凡夫ではないのです。普遍的な真理を体現している「ふつうの人」なのです。逆にいえば、わたしたちはかならず自他分離的自己を中心にすえる認識のあり方をもつ凡夫になる、ということは普遍的な真理であるということです。

それが証拠に、わたしたちは「人間は死後どうなるか」とか、「人間はどう生きるべきか」などについて議論できます。かならず賛否が分かれ、けっして一つの結論にはいたりません。わたしたち各々が所属する社会や受けた教育や生育歴などの違いによって、根拠とする世界観や価値観や人間観の基準が異なるからです。しかし、「人間は自己を認識しているか」とか、「人間は自己と世界を異なるものと認識しているか」などについては議論できません。賛否が分かれることはなく、結論は決まっています。根拠が世界観や価値観や人間観ではなく、それ以前からの万人共通の経験にもとづいているからです。自分自身の経験をもとにして他者もそうであろうと容易に推測できるので、議論するまでもありません。そもそも、そのような問い自体が起こってこないように思います。
イダッパッチャヤターとは、「これを縁とすること」という意味で、十二因縁の「無明を縁として〔自他分離的〕自己形成力（行）が生じる」以下の一連の項目間の関係を指します。自他分離的自己を形成する力によって形成された自他分離的自己を中心にすえる認識のあり方がけっきょくは苦しみを生じるということを自他分離的思考により自他分離的言語を用いて示すことばです。ふつうの人がふつうにもってしまう自他分離的な認識のあり方こそが苦しみをもたらしているのです。しかし、ふつうの人にはあたりまえすぎて疑うこともできません。凡夫にはみずから感じる苦しみの原因がわかりません。原因がわからないので、苦しみを解決することもできません。苦しみの原因とは、より根源的かつ深層的には自他分離的自己を形成する力、すなわち、サンカーラです。また、わたしたちが表層的に認知できるとすれば、自他分離的自己を中心にすえる認識のあり方であるといえるでしょう。

ここで少し専門的になりますが、イダッパッチャヤターとパティッチャサムッパーダについて考えてみます。イダッパッチャヤターは「此縁性」と訳され、「これを縁とすること」という意味です。パティッチャサムッパーダは「縁起」と訳され、「縁って起こること」を意味します。両者は同じことを意味すると解釈されたり、意味は異なると解釈される場合があります。両者を同じ意味と解釈する場合は、因果の意味と解釈されます。

筆者は、両者の意味は異なると考えます。本章冒頭の十二因縁をよくみると、起こっていることが二つあるのに気がつくでしょうか。

一つ目は前半部分で、自他分離的自己を中心にすえる認識によって苦しみが生じています。あわせて、自他分離的自己を中心にすえる認識は「あれ、これ」という自他分離的言語によって構造化され、ばらばらに分離された自己と世界がたちあがっています。普遍的な凡夫の見る世界です。「〔あれ〕これを縁として」起こっているので、イダッパッチャヤターと呼びたいと考えます。

二つ目は後半部分で、自他分離的自己を中心にすえる認識が滅することによって苦しみが滅しています。あわせて、自他融合的自己を基盤とする認識によって、もともと融合的につながりあっている自己と世界がたちあがっています。普遍的なブッダの見る世界です。あらゆるものが一つにつながりあい、「縁って起こっている」のでパティイッチャサムッパーダと呼びたいと考えます。自他分離的な「〔あれ〕これを縁として」いないので、ただ「縁って」としか表現できなかったのだと思います。

イダッパッチャヤターとパティッチャサムッパーダは、ゴータマ・ブッダが人々に教えを説くのをためらったときの理由を述べる場面で現われます。

わたしが感得したこの真理はじつに深遠で、見がたく、理解しがたく、静寂で、すぐれていて、思考の領域ではなく、微妙で、賢者によって知られるべきものである。しかし、人々はアーラヤを好み、アーラヤを楽しみ、アーラヤを喜んでいる。アーラヤを好み、アーラヤを楽しみ、アーラヤを喜んでいる人々には、いわゆるイダッパッチャヤターとパティッチャサムッパーダという道理は見がたい。また、あらゆる自他分離的自己形成力が静まること、あらゆるウパディが消え失せること、渇愛が消滅すること、ヴィラーガ、〔苦しみが〕滅すること、ニッバーナ（涅槃）というこの道理もまた見がたい。

（『マッジマ・ニカーヤ』一・一六七ページ）

イダッパッチャヤターとパティッチャサムッパーダを因果の意味であるとする解釈は、ここで困難にいたります。因果であれば、わたしたちにも理解できるからです。ゴータマ・ブッダは、〔わたしたちのように〕アーラヤを楽しむ人々はこの道理は見がたいと述べています。ということは、イダッパッチャヤターとパティッチャサムッパーダは単純な因果で解釈してはいけないということではないでしょうか。筆者は、イダッパッチャヤターは十二因縁の前半部分の真理（わたしたちはかならず凡夫になるという真理、すなわち、だれもが気がつかないまま自他分離的自己形成力によって自他分離的自己を中心にすえる認識のあり方を身につけ、それによって苦しみが生じること。イダッパッチャヤターは自他分離的認識の形態を示す）を指し、パティッチャサムッパーダは十二因縁の後半部分の真理（瞑想などの実践によって自他融合的自己を基盤とする認識のあり方に統合ないし成長し、それによって苦しみが消滅し安らぎがもたらされること。パティッチャサムッパーダは自他融合的認識の形態を示す）を指すと考えます。両方とも、凡夫には見がたく、理解しがたいものです。

また、「あらゆる自他分離的自己形成力が静まること（サマタ）」から「ニッバーナ」までは、後半部分の真理の概要を示そうとしているのではないかと考えます。未完成のままで残されたのかもしれません。ウパディとは、精神的、物質的な所有（物）を意味します。「ウパディが消え失せる」とは、「わたしのもの」を捨てるということです。自他分離的自己形成力が静まって「わたし」が形成されないこととあわせて、「わたし」「わたしのもの」というしがらみが消え失せてしまうという意味だと思います。自己と世界が対立して存在しているという認識に染まらないので、自他分離的な自己がもつ自己中心的な欲望が消滅します。「ヴィラーガ」は「離欲」とも訳されますが、（凡夫的認識に）「染まらないこと」ないし（凡夫的認識の）「色づけが薄まること」と解釈します。そうして、苦しみが滅し、安らぎとしてのニッバーナが実現されるのです。ちなみに、アーラヤとは「自他分離的自己を中心とした経験によって蓄積されたもの」という意味です。「思考の領域ではなく」というのは、自他分離的自己を中心にすえる認識による自他分離的思考の領域ではないということです。わたしたちのような凡夫的思考の領域ではないのです。

ゴータマ・ブッダはこのあとにも、次のように述べています。

わたしが苦労して得たものを、いま説く必要はない。貪りや怒りに負かされた人々には、この真理はよく理解しがたい。〔世間の〕流れに逆らい行き、微妙で、深遠で、見がたく、微細である〔この真理を〕、貪欲に染まり、暗黒に覆われた人々は、見ない。

（『マッジマ・ニカーヤ』一・一六八ページ）

〔世間の〕流れというのは、「自他分離的自己を中心にすえる認識のあり方」です。世間は数多くの凡夫の認識のあり方によって支配されています。それに逆らうのが、「自他融合的自己を基盤とする認識のあり方」です。ブッダの認識のあり方は凡夫が支配する世間の認識のあり方とは逆なのです。

別の経典にも、同様のことが説かれています。

自己の〔心〕身が「わたし」「わたしのもの」〔であるという考え〕を断滅することを、聖者たちは楽しみであると見る。〔正しく〕見る〔聖者たちの〕この〔考え〕は、あらゆる世界の人々と反対である。

ふつうの人々が楽しみというものを、聖者たちは苦しみという。ふつうの人々が苦しみというものを、聖者たちは楽しみという。理解しがたい真理を見なさい。知らない者たちは、ここで迷っている。

聖者たち以外に、いったい誰がこの境地を感得することができるであろうか。かれらはこの境地を正しく知り、煩悩の汚れのない者となって、まったく安らかになるのである。

（『スッタニパータ』七六一、七六二、七六五）

さきほど引用した、「もろもろの如来がこの世に現われても現われなくても定まり、真理として定まり、真理として確定しているイダッパッチャヤター」という箇所は、じつは次のようになっています。

パティッチャサムッパーダとは何か。生まれを縁として老死がある。〔生存を縁として生まれがある……（以下、十二因縁の項目について同様）……無明を縁として〔自他分離的〕自己形成力がある。〕この道理は、もろもろの如来がこの世に現われても現われなくても定まり、真理として定まり、真理として確定しているイダッパッチャヤターである。……以上のように、〔各項目間の関係において〕イダッパッチャヤターは真実であり、真実を離れず、〔真実と〕異ならない。これがパティッチャサムッパーダといわれる。

（『サンユッタ・ニカーヤ』二・二五―二六ページ）

ここでは「パティッチャサムッパーダとは何か」について語っているはずですが、十二因縁の前半部分のイダッパッチャヤターの説明だけで終わっています。これを根拠にして、イダッパッチャヤターとパティッチャサムッパーダは同じ意味で、その意味とは因果である、と解釈する人はいます。筆者は、それは早計だと思います。ここは本来であれば、滅することを説く後半部分の説明があってしかるべきだと思います。そうすれば、パティッチャサムッパーダについての説明がなされたはずです。そもそもパティッチャサムッパーダについての問いなのですから。これでは不充分です。教えを受けた弟子が、記憶に留めなかったか、省略してしまったのでしょうか。

あらためて確認しておきます。凡夫（ふつうの人）に普遍的にあてはまる自他分離的自己を中心にすえる認識のあり方、および自己と世界の見え方をイダッパッチャヤターと捉えます。凡夫は、それによって苦しみが生じているとは思いもよりません。かえって楽しみと思っています。ブッダはこれを苦しみと感じ、苦しみから解放されたいと願います。苦しみが滅したブッダに普遍的にあてはまる自他融合的自己を基盤とする認識のあり方、および自己と世界の見え方をパティッチャサムッパーダと捉えます。これによって安らぎが得られます。凡夫にはうかがい知れないものです。

四　サンカーラとことば

十二因縁において、より根源的で深層的な苦しみの原因と考えられたのは、ばらばらに分離され孤立した自己を形成する力、サンカーラです。無明ではありません。ゴータマ・ブッダはだれも気にもとめなかったサンカーラを苦しみの原因としてつきとめたのです。わたしたちの足元にありながらだれも気づかない、いわば死角に潜んでいた原因といえます。この原因をつきとめたからこそ、治療することができたのです。

〔自他分離的〕自己形成力と訳したパーリ語サンカーラ（サンスクリット語ではサンスカーラ）は、もともと天然自然のままの素材に手を加えて仕上げを施し、さらにそれに飾りつけを加えて、浄く、美しいものに仕立てあげるという意味であり、そこから「化粧、模様づけ、訓練、教育、陶冶」などの語義が派生しています。

サンスカーラはまた、ヴェーダ文献後期以来、社会的な通過儀礼（イニシエーション）のことでもあります。具体的には、わたしたちの社会にもあるような生誕式、食初式、結婚式、葬式をはじめとして、ヴェーダの学習のために師家に入る入門式、ヴェーダの学習を終えて家に帰る帰家式などがあげられます。それらは、古代インドの社会共同体の一員としての責任と自覚を促し、よかれあしかれ固有の文化や習慣を受けつぐ者として、個々のアイデンティティの依りどころをもたらすものです。とくにブラーフマナでは、祭式による「自我の完成」（アートマ・サンスクリティ）によって不死を得ることが中心思想であったともいわれます。

そのような、ばらばらに分離され孤立した自己を形成する力、サンカーラが、固定的で実体的な「わたし」を形成する原動力とみなされているのです。わたしたちが他者とは分離された自分というものの存在に初めて気づいたときには、もうすでにサンカーラがはたらいています。その後も社会という条件づけのなかで、わたしたちはいやおうなく自他分離的自己を形成せざるを得ません。それは社会の一員として生活するうえで不可欠なことであり、むしろ健全な自己を形成することは、みずからの成長の目標となるものです。それ自体はまったく健全なことが、一方では、わたしたちの認識のあり方や自己と世界の見え方を気づかないうちに自他分離的で自己中心的にしています。わたしたちは意識して考えることもなく、それが唯一正しい認識のあり方であると決めつけて、みずから自分自身を狭い領域に縛りつけています。いったん人間形成の土台にしみこんだ束縛に気づくのは容易ではありません。ここに問題の複雑さ、根の深さがあるのです。

サンカーラには「ことば」が含まれています。ことばにはその意味的な世界において、あるものとそれ以外のものとの融合的で緊密なつながりを断ち切り、それぞれがまったく分け隔てられ、ばらばらに孤立して、しかもそれだけで変わることなく永遠に存在しているかのように思わせる性質があります。そうして、そのような分離的な存在ないし対立的な相互の関係がすべてにわたって真実のありようであるかのように思わせます。

たとえば、時計ということばは、それが発せられた時点で、すでに時計以外のものとの緊密なつながりを断ち切っており、たがいの融合的なつながりは考慮されていません。時計以外のものの存在がなくても、時計だけで存在が成立するかのように思わせます。さらに、物理的な対象としての時計は時間が経つと壊れてしまいますが、ことばとしての時計はけっして壊れることはありません。あたかも不変な時計があるかのように思わせます。すなわち、時計が実体化されています。

これを「わたし」にあてはめてみます。「わたし」ということばは、それが発せられた時点で、すでに「わたし以外のもの」との緊密なつながりを断ち切っており、たがいの融合的なつながりは考慮されていません。「わたし以外のもの」の存在はなくても、「わたし」だけで存在が成立するかのように思わせます。さらに、物理的な対象としての「わたし」は時間が経つと壊れてしまいますが、ことばとしての「わたし」はけっして壊れることはありません。あたかも不変な「わたし」があるかのように思わせます。すなわち、「わたし」が実体化されています。

分離され孤立した個々別々の「わたし」によって、あたかもビリヤードの玉がおたがいをはじくように関わりあいをもつ関係が築かれます。それらは集合することはあっても、融合することはありません。自意識が芽生えたときから、わたしたちはことばの規制を受けた「わたし」の認識を核として、社会という集団の枠のなかで、習慣性をおびて培われ育てられてきているので、ごく自然に「わたし」を受けいれています。あまりに当然すぎて疑問が入りこむ余地はなく、問題にもならないほどです。わたしたちの身心に深く、また抜きがたく染みこんでいて、自己のまわりに壁を作りだし、自己を世界から孤立させていきます。

十二因縁の前半部分においては以上のようですが、後半部分は異なります。そこでは、自他融合的自己を基盤とする人生をいとなむようになるが、自他分離的自己は滅するように見えて実際には残ると述べました。自他分離的自己は自他融合的自己にコントロールされているので、自由にふるまえないとも記しました。言い方を変えると、自他分離的なことばがコントロールされているといってもよいでしょう。自他融合的な自己が基盤にあれば、自他分離的な思考や自他分離的な言語に容易にふりまわされないということです。区別はあっても分離はないという認識のあり方が安定的に持続しているのです。

別の経典には、つぎのように説かれています。

> ことばで表わされるものによって考える人々は、ことばで表わされるものに立脚している。かれらはことばで表わされるもの〔の本質〕をよく知らないで、死に〔支配され〕束縛される。
>
> しかし、こころが最高の安らぎの境地に達し、〔死の支配や束縛から〕解放されている者は、ことばで表わされるもの〔の本質〕をよく知っており、ことばが表わすもの自体〔があると〕は考えない。
>
> かれは、まさに、ことばで表わされるもの〔の本質〕をわきまえて、こころやわらぎ、安らぎの境地を楽しむ。真理に立脚し真義を究めた人は、ことばに関わりながらも、

ことばに執らわれないのである。

（『イティヴッタカ』五三－五四ページ）

「ことばに執らわれない」というのは、自他融合的自己が自他分離的自己形成力としてのことばをコントロールしているという意味です。自他分離的自己が非常識的なことばを語ったり、常識から少し視点をずらしたりすることとは違います。

五　諸行無常

サンカーラを自他分離的自己形成力と解釈すると、有名な詩句も解釈しなおさなければならないように思います。

諸行無常
是生滅法
生滅滅已
寂滅為楽

「無常偈」として知られているので、無常を説く詩句だと考えられてきたといえます。「行」に相当するのがサンカーラです。従来の解釈だと、サンカーラは「作られたもの、事象」などとされます。そして全体は、「もろもろの作られたもの、事象は無常である。生滅する性質をもつ。生じては滅している。〔それにもかかわらず、凡夫は常住であると錯覚して執着するので、苦しみが生じる。それら煩悩が〕寂滅すると安楽が得られる」と解釈されます。四行目の解釈で苦労しているようです。主旨が違うように思える三行目までと四行目を何とか結びつけようとしていますが、かなり無理をしているように思われます。

この詩句のもととなったと推測されるパーリ語の詩句を訳すと次のとおりです。サンカーラの意味は同じく「作られたもの、事象」としておきます。

もろもろの作られたもの、事象は無常である
生じ滅する性質をもつ
生じては滅する
それらが静まることが安楽である

(『ディーガ・ニカーヤ』二・一五七ページ)

三行目まではまったく同じです。最後の行が「無常偈」の「寂滅為楽」とは異なっています。「それらが静まること（ウパサマ）が安楽である」となっていて、「それら」とは「もろもろの作られたもの、事象」を指します。「煩悩」などとは違います。それでは、「もろもろの作られたもの、事象が静まることが安楽である」とはいったいどのような意味なのでしょうか。従来は、ここは無視されています。ただ、「作られたもの、事象」が無常であることが強調されるだけです。この詩句は、仏教の真理としての無常を説いているのだと解釈されるのです。ゴータマ・ブッダが亡くなったときに、帝釈天（インドラ）が唱えた詩句とされているので、ゴータマ・ブッダでも永遠に生きつづけることはできない、という意味での無常が説かれていると解釈できなくもありません。ただ、最後の行の「もろもろの作られたもの、事象が静まる」ということ、またそれが「安楽である」という意味がよく通らないと思います。したがって、全体の意味がよくわからなくなっているように思われます。その原因は、サンカーラの解釈が誤っているからなのではないでしょうか。

サンカーラを「自他分離的自己形成力」として訳すと、次のようになります。

もろもろの自他分離的自己形成力は無常である

生じ滅する性質をもつ
生じては滅する
それらが静まることが安楽である

ここでの「それら」は、「自他分離的自己形成力」を指します。「自他分離的自己形成力が無常であれば、自他分離的自己形成力によって形成される自他分離的自己も無常であり、生じては滅するものである。ところが、自他分離的自己形成力によって死なない「わたし」が形成されてしまうので、現実には死んでしまう自己とのあいだに生じるギャップや葛藤から実存的な苦しみが生じる。自他分離的自己形成力が静まれば、死なない「わたし」を形成することがなくなり、したがってギャップや葛藤が生じることもなく、実存的な苦しみが滅し、安楽を感じる」と解釈する方が全体として文脈が通り、かつ説得力があると考えます。前述したように、アーラヤを楽しむ人々は理解できないとして、ゴータマ・ブッダが説法をためらった場面でも、「自他分離的自己形成力が静まること」がニッバーナなどとならんで、ゴータマ・ブッダが感得した真理となっていました。

筆者のイメージは別府温泉の坊主地獄です。一〇〇度近くに熱せられた泥池のなかで、灰色の泥の泡が丸い形にわきあがり、膨らんではははじけ膨らんではははじけしています。もしこれらの泥の泡の活動が静まったら、表面が静かになり、おどろおどろしさがなくなることでしょう。まさしくこのように、自他分離的自己形成力が静まって、自他分離的自己を中心にすえる認識のあり方が滅すれば、十二因縁の後半部分で説かれるとおりに、苦しみは滅することでしょう。

また、ゴータマ・ブッダの最期のことばは次のようです。

もろもろの作られたもの、事象は滅する性質をもつ
怠ることなく修行を完成させなさい
（『ディーガ・ニカーヤ』二・一五六ページ）

この場面も訳語を比較してみましょう。

もろもろの自他分離的自己形成力は滅する性質をもつ
怠ることなく修行を完成させなさい

もろもろの作られたもの、事象が滅する性質をもつことと、怠ることなく修行を完成さ

せることとの関係を考えると、「無常迅速」ということばが浮かんできます。時間を惜しんで修行しなさい、という意味になるでしょうか。修行の内容ではなく、修行そのものの大切さをあらためて確認しています。初心、忘るべからず、ということなのでしょうが、弟子たちへの最期のことばとしてふさわしいかどうか、疑問に思います。

一方、自他分離的自己形成力は滅する性質をもつ、というあとには、それらが静まることが安楽である、とつづくであろうことを、みなが知っていたのではないかと推察します。ゴータマ・ブッダは、自他分離的自己を中心にすえる認識にふりまわされないように、怠ることなく修行を完成させなさい、と弟子たちに言い遺したかったのではないでしょうか。修行の趣旨を最期まで具体的に示しています。こちらの方がふさわしいように感じられます。

六　サンカーラと現代的課題

わたしたちは生まれ、育てられます。初めて自分自身の存在に気がついたとき、自分がいて、自分とは異なる自分以外の人々と自分以外の世界がそこにあることが理解されます。多くの人は何の疑問もなくこの事態を受けいれて生きていきます。なかには、どうしてこのような事態にいたったのか、その根本を探求しようとする人が現われますが、思うほど簡単には解決できません。かえって、自分自身が根拠もなく生じてきているような感覚が強くなります。訳のわからないまま生じてきて、ふわふわと空中にただよっているシャボン玉のような存在として見えてきます。理由も根拠もなく生まれ、しばらく空中に孤独にただよったのちに、パチンとはじけて終わり、人生がそのように見えてきます。自分はなぜ生まれてきたのか、生まれた理由がわかりません。自分はなぜ生きているのか、なぜ生きなければならないのか、生きる意味もわからなくなります。生存に根拠がなく、人生に意味を見出せない人生がいとなまれることになります。わたしたちはどこから来たのか、わたしたちは何ものか、わたしたちはどこへ行くのか。人類を悩ませてきた難問が切実に感じられます。自分がまったく独りで、宇宙のまっただ中に放り出されているような孤立感、どこにも手がかりがなく、何をしても同じであるような無力感、人生に意味を見出せず、けっきょくは死んだら終わりだという虚無感、なぜかこころが満たされず、気持ちが晴れない不全感、これらをかかえたまま、生きなければなりません。

人生が比較的うまくいっているときには、このような問題がこころに浮上することはありません。うまくいかなくなったとき、たとえば何かに挫折したり、自分自身が事故にあったり、病気になったり、大切な人を亡くしたりすると、不意に顔を出して、二重三重にわたしたちを悩ませ苦しめます。それでも多くの場合一過性で、時間の経過とともに人生が多少好転していくと忘れ去られます。根本は何も解決されないままです。

この虚しさはどのようにすれば解決できるのでしょうか。絶対者がいて、わたしたちを創造した、その意思に従って生きること、それが人生の意味である、わたしたちの存在の根拠は絶対者の意思のなかにある、これを信じられたら、一時的に問題は解決されます。

輪廻転生というものがあり、現在の人生は過去の人生における行為の結果である、原因があり、結果がある、現在の人生をより善く生き、未来の人生での善い生まれを得ることが人生の意味であり、目的でもある、これを信じられたら、一時的に問題は解決されます。

外的な要因に頼るのではなく、自分自身の実存を深めることによって解決しようとする人々もいます。かれらは基本的に何でも疑ってしまうので、自分以外の何かを信じるということがありません。自分の能力を過信して、徹底的に考えぬけば解決できるとして懸命に試みますが、実際には解決できません。病気にならないことを祈るばかりです。

絶対者や輪廻転生をもちだすのは、いわば反則です。だれにも確認できない超越的概念をもってきて解決にあたるのはルール（?）違反です。一時的には解決されますが、いずれ破綻することは目に見えています。いまだ一部で有効性を保っていますから、強力であることは確かですが、それよりも凡夫にとっては、自他の分離も絶対化されるという副作用の方が恐いと思います。一方、実存的探求では一時的にも解決されません。

ゴータマ・ブッダはこの問いそのものが間違っていると考えます。この問いそのものが自他分離的自己を中心にすえる認識を前提にしているからです。この前提を変えないかぎり、解決などできません。自他分離的自己を中心にすえる認識から自他融合的自己を基盤とする認識へと自分自身の根本を統合し、成長させなければならないのです。そのためには自他分離的自己形成力を静めることが必要不可欠です。その方法が瞑想でした。凡夫的自己からブッダ的自己への統合ないし成長であるともいえます。自他分離的自己から自他融合的自己へと統合ないし成長していけば、自他分離的自己を中心にすえる認識を前提としていた自己や世界の見方が変わってくるので、上記の問いそのものが生じてこなくなります。問いがなくなれば、問題は解決されたも同然です。押したら開くドアを一生懸命引いていたことがわかります。引いても開かないから、その理由を絶対者や輪廻転生や実存に求めるしかなかったのですが、単純な話で、引くことそのものに疑問をもてるようになれば、解決の糸口が見つかることでしょう。

生死の問題についていえば、生命あるものにとって本来自然なプロセスである生まれることと生きることと死ぬこととが分裂します。生まれることは「わたし」を創造する好ましいものであり、生きることは「わたし」を維持する好ましいものですが、死ぬことは

「わたし」を破壊する好ましくないものとなります。わたしたちはけっして死なないはずの「わたし」を作りあげ、それを現実には死んでしまう自己と混同し、誤って同一視してしまいます。永遠に死なない「わたし」は自己の死を受けいれられず、拒否することで現実とのギャップが生じ、生きることへの執着が増すとともに、死に対する恐れや不安が大きくなります。自分が死ぬということは、表層的には理解できますが、深層的には納得できません。死にたくないとは思いますが、なぜ死にたくないのかはわかりません。なぜ死を恐れるのかもわかりません。そのような「わたし」を自分が作ったという意識がないので、対処の仕方がわからないのです。自分が作ったという意識がないのは当然です。実際には自分ではないサンカーラの影響がほとんどだからです。そうはいっても、自分もサンカーラにあやつられるがままに協力はしています。このように、わたしたちの死への恐怖は、時代や地域によって形成のあり方に違いはありますが、わたしたちが知らないうちに固定的で実体的な「わたし」が形成され、さらに自分自身でも自己と自己以外のものを分け隔て、それぞれを孤立させてしまうところに起因しています。ここに、ばらばらに分離され孤立した自己を形成するもろもろの力、サンカーラがはたらいていると考えられたのです。

凡夫が死への恐怖を克服するためには、死を受けいれるしかありません。しかし、言うほど容易ではありません。というより、きわめて困難だといった方がよいでしょう。死なない「わたし」が「わたし」の死を受けいれるなどということはないからです。それだけサンカーラの影響力は大きいのです。死が本当に間近になって実現する場合もあるようですが、いかにも遅すぎです。死への恐怖の克服など、わたしたちの多くが望まないか、あるいは諦めているのかもしれません。みなが凡夫であれば、それは仕方のないことです。それでも、ゴータマ・ブッダの生き方に共感を覚え、同じように死への恐怖を克服したいと思う者も少なからずいるでしょう。そのヒントは、サンカーラを静め、死なない「わたし」を作らないようにすることにあると思います。

ゴータマ・ブッダは触れていませんが、サンカーラは現代的課題である戦争や自然破壊についても問題をひきおこしているように思います。自他分離的自己を中心にすえる認識を前提としているわたしたち凡夫は、他者とはおたがいにまったく分け隔てられており、必然的で緊密なつながりはないと思っています。それでも他者との関わりあいを大切に思い、他者のことも考慮に入れながら社会生活をいとなんでいます。たとえそうではあっても自他分離的自己の絶対化はかまわずすすみ、意識しないままに自他分離的自己を中心にすえるようになり、自分と共有できる利益があるかぎりは他者と結びつき、それがなくなれば離れていきます。非常に単純な規範ですが、わたしたちにとって問題が深刻なのは、そのような、自他分離的自己を絶対視したうえで成立する関係は、最終的にかならず敵・味方の対立という図式におちいってしまう危険性をともなうということです。味方でいるかぎりは徹底的に擁護するが、いったん敵になると徹底的に排除するという極端な方向にすすみがちになるのです。

その原理は個人対個人の対立だけでなく、集団対集団の対立においても同様です。「わたし」の集団対「わたし」の集団ということになるのです。わたしたち人類は、個人の「わたし」から始まって、民族の「わたし」、宗教の「わたし」、国家の「わたし」などを形成し、おたがいに敵・味方として絶対的に対立していると思いこんで、歴史が始まってから一時も止めることなく殺し合いをつづけてきました。絶対的に正しい「わたし」たちが、絶対的にまちがっている「かれら」を抹殺することは正しいことである、というわけです。もちろん、理性的に対立を解消しようとする努力は重ねられており、それ自体はきわめて尊いものなのですが、近代的理性そのものが分離、対立を基軸にしているという矛盾ないしは限界のために、根本的な解決にはいたっていません。「戦争は終わる。あなたが望めば」という意味深い歌詞があります。いまだに自分のことばかり考えて他者のことなど考えないわたしたちの日常をふりかえると、わたしたちは無意識の底では平和を望んでいないのかもしれません。わたしたち一人ひとりのこころが平和でないのに、世界が平和になるなどということはありえません。

自然破壊についても同じことがいえます。自他分離の「他」は自分以外のものを指し、自然も含まれます。自他分離的自己を中心にすえると、自分の外側に対立して存在するように見える自然は自他分離的自己とまったく分離しています。自分は自然ではないし、自然のなかには自分は含まれていません。自他分離的自己は自然を自分の所有物だと思い、自分の自由に使えるものだと考えてきました。とくに近代がもたらした機械論的な世界観によって、自然を無機的な要素に分解し、それらをたくみに組み合わせ、人間の利益となるように利用して、繁栄をきわめてきました。

ヨーロッパに端を発する近代的人間観に強い影響を受けている現代人は、一個の個別的人間として生を受け、近代的理性を身につけ、自己を確立して自律的に生活し、なにより合理的に行動します。自己を中心としてものごとを考えることを是とし、自己を幸せにすることが大切で、自己の欲望を満足させることが人生の目的となります。自分のことが最優先で、他者のことにはなかなか考えが及びません。他者のことを考えるなどということはただの偽善であり、だれもが自分のことしか考えません。個人主義と快楽主義（虚無主義を含む）にあおられながら、対立する自然を征服したと勘違いするまでにいたりました。

自然は人間によってどんなに利用されようと黙っていました。敵対する人間とは違って、自然は戦争をひきおこしたりしません。それでも最近の状況をみると、自然の反撃が始まっているかのようです。異常気象や天変地異があいつぎ、わたしたちの生活をおびやかしています。はたして自然は征服できたのでしょうか。そもそも、わたしたちは自然をコントロールできるのでしょうか。とり返しのつかない事態におちいるまえに、わたしたちは謙虚さをとり戻し、わたしたち自身に対して対策を講じていかなければなりません。自然を破壊する行為は自分自身を破壊する行為であることが理解されるようになれば、事態は大きく好転していくと思います。

七　希望の仏教

ゴータマ・ブッダは死への恐怖と虚無主義に関しては、サンカーラを静めることによって凡夫的な認識のあり方をブッダ的な認識のあり方に統合ないし成長させて解決しました。戦争も自然破壊も同様にサンカーラによって生じているのであれば、同じ原理で解決できるはずです。個人と社会（個人の集団）と自然（個人の環境）とで条件は異なりますが、すべての根本に個人が関わっている点が要となります。

まず、ゴータマ・ブッダがサンカーラを静めるために行なった方法は瞑想です。瞑想は仏教の修行者の独占物ではありません。キリスト教徒でもイスラム教徒でもヒンドゥー教徒でも、宗教を問わず誰でもできます。もちろん無神論者でもできます。近年では、瞑想から宗教色をとり除いたマインドフルネスが心理療法として、とくにアメリカを中心に浸透しています。本格的な瞑想の準備段階としては充分です。時代が必要としているからこその流行ともいえるでしょう。

誤解はないと思いますが、瞑想すればすぐに解決できるわけではありません。瞑想をした多くの人々の認識のあり方が凡夫的な認識のあり方からブッダ的な認識のあり方へと変容し、対人間、対自然との関係の仕方がじょじょに変化して問題が解決していくというシナリオです。途方もない時間がかかるか、一気に事態が動くかはわかりませんが、いずれにしても現代的な課題の解決に向けて、可能性のある方法であると考えます。

わが国の仏教には瞑想を行なってきた伝統があります。瞑想の意義を見失っているように感じられる部分もありますが、ゴータマ・ブッダの思想における瞑想の意義、あるいは宗祖の思想における瞑想の意義などを虚心坦懐に学んでいけば、現状を打破できる可能性はあると思います。ただし、その前に解決すべき問題があります。先の戦争（応仁の乱ではありません）で、尊敬される老師たちが耳を疑うような発言をして国民をあおり、一丸となって積極的に戦争に加担して、多くの若者を戦場に散らせた責任があります。戦争責任を追及したいわけではありません。瞑想修行を長年にわたって重ねてきた老師たちがなぜ教義を曲解してまで戦争を賛美したのか、瞑想修行の教育システムがあったとしてそのどこに欠陥があったのか、どうすれば欠陥を修正できるのか、などを明らかにする必要があります。それができれば、自分たちが行なう瞑想の意義も明確に理解され、あわせて現代的な課題の解決に向けて多大な貢献ができると思います（できなければ、その資格はありません）。瞑想してきたからこそできる貢献です。その使命のために伝統を守ってきたといえるようになっていただきたいと願っています。

つぎは人間のモデルの問題です。戦争を止めたり、自然破壊を止めようとするときに、人類が頼りとしているのは人間の知恵です。人類の歴史上最も理性的な人間が多数存在するはずの現代の世界で、戦争を止めたり、自然破壊を止めるのがうまくいっていないのは、頼りとなるべき人間の知恵に問題があるからなのではないでしょうか。十二因縁に照らしてみると、多方面で人類史上最も進歩しているように見える現代人も、その根っこは凡夫であることがわかります。どの時代のどの地域の人間でも、生まれればかならず凡夫になるのでした。頼りとすべき人間の知恵が凡夫の知恵では、うまくいかないのも当然です。ちなみに、デカルトの「われ思う、ゆえにわれあり」、パスカルの「人間は考える葦である」、福沢諭吉の「天は人の上に人を造らず、人の下に人を造らず」、ここに登場する人間はすべて凡夫です。すべての近代的学問についても、凡夫を唯一の人間のモデルとする凡夫的学問になっているはずです。

現代には人間のモデルが一つしかありません。ふつうの人＝凡夫です。十二因縁においては、凡夫とブッダとを対照してきました。自他分離的自己を中心にすえる認識をする凡夫と自他融合的自己を基盤とする認識をするブッダです。自他分離的自己をもつ凡夫と自他融合的自己をもつブッダといってもいいでしょう。人間はだれでもかならず凡夫になり、凡夫はブッダへと統合ないし成長できます。凡夫の統合ないし成長モデルであるブッダを、もう一つの人間のモデルとして設定すれば、戦争や自然破壊の課題を解決するヒントが得られると考えます。

とはいえ、凡夫とブッダではあまりにもかけ離れているように感じられます。じつは仏教には凡夫の統合ないし成長モデルがもう一つあります。大乗仏教でなじみのボサツです。原始仏教経典のなかでは、ボサツはゴータマ・ブッダがブッダになるまえの修行中の呼称です。それに大乗仏教における衆生済度的なはたらきを加えた人間のモデル、自利利他を目指しつつ進化する人間のモデルとして、ボサツ的人間を設定してはどうかというのが筆者の提案です。わたしたち凡夫の現状を反映しつつ、目指すべき将来像としてもふさわしいのではないかと思います。ブッダ的人間は完成型としてとっておきましょう。

　また、わたしたちが考え行動するときの根拠としてきた、人間主義という意味で用いられるヒューマニズムも、これまで暗黙のうちに想定されていたのは凡夫的ヒューマニズムでした。これでは限界があります。新たにボサツ的ヒューマニズムを設定すれば、人間的成長の方向性もはっきりして、何を目標に努力すればよいのかも明らかになると思います。凡夫的人間ではなく、ボサツ的人間をモデルにした「ボサツの経済学」や「ボサツの経営学」などが創発されないか、ひそかに期待しています。ボサツ的人間が創造する経済システムや組織のあり方というものがどのようになるのか、社会科学的視点のレヴェルを進化させて考察していただきたいと思います。

　以上、ゴータマ・ブッダが説いた十二因縁の解釈から始まり、ゴータマ・ブッダが説いていない現代的課題についてまでも論じてきました。わたしたちが凡夫的人間からボサツ的人間へと統合ないし成長していければ、これまですべての凡夫的人間がかかえてきた諸問題は解決の方向に進むことができるようになると考えます。

第二章　縁起その先へ

一　縁起の実感

わたしたち凡夫は、わたしたち自身が気づかないうちに自他分離的な自己が形成され、自他分離的な認識にもとづいた自己と世界の見え方になっていることを知りません。ましてや、そのことが原因で実存的な苦しみが生じていることも知りません。それでも、そのように指摘されれば、そうかもしれないと理解できる人もいます。あれ、これという、もともと分離されてばらばらなものが原因となり結果になっているように見える因果については、いわれなくても理解できます。

ところが、自他融合的な認識にもとづいた自己や世界の見え方については、指摘されてもよく理解できません。「つながり」といわれても、わたしたちにイメージできるのは、ばらばらの個人個人が手をつないでつながっている、ばらばらの個人個人がインターネットを通じてつながっている、というものでしょう。これは自他分離的な「つながり」です。自他融合的な「つながり」とは、もうすでに一つにつながっているという実感をともなった感覚です。あらゆるものごとが融合的に一つにつながって起こっているように見える縁起については、いわれても容易に実感できないと思います。

ゴータマ・ブッダは、自他融合的な認識を実現するための方法として瞑想を採用しています。瞑想は方法です。自他分離的な自己を形成する力、サンカーラを静めるための方法ともいえます。ゴータマ・ブッダ以後においても、仏教の内部でさまざまな方法が工夫されています。形態や形式が瞑想とは違っていても、サンカーラを静めることが担保されていれば、ゴータマ・ブッダの方法を継承しているといえると思います。

仏教以外にも同じ効果をもたらす技法があります。筆者がお勧めするのは気功です。じつは瞑想は実感を得るまでに時間がかかりすぎ、そこまで熱心に実践する動機をたもつのがむずかしいのです。気功は瞑想とは異なり、身体で感じられますから、すぐにそれなりの実感が得られます。そもそも、それまで気の存在も信じるか信じないかのレヴェルであったのが、たとえば眼で物を見るように、耳で音を聞くように、ありありと感覚として実感できるようになります。信じる信じないという葛藤はいったい何だったのかという気持ちにもなります。葛藤がクリアされるとそれなりの達成感や満足感が得られ、つづけていく動機づけも得られます。ここまででもすでに視野が拡がっているのがわかります。世界観の枠が拡がるといっても大げさではないでしょう。以前までの自他分離的な思考のかたくなさがほぐれ、ものの見方が多少とも柔軟になります。これから先はやはりそれなりの時間がかかりますが、それなりの感覚があるので、楽しく実践ができます。とくに大自然のなかで気功をすると効果は絶大です。気の出入りにあわせて呼吸をするうちに内と外の隔てがなくなったように感じたり、身体の存在が消失したように感じたり、孤立してなどいない、けっして独りではないと感じるなど、一つにつながっているという実感が得られます。これは特別な体験ではありません。生命体であればだれにでも気は流れているので、だれでもが体験できるものです。それでも瞑想の境地と同じように、特別な体験にしたがる人々は確かにいます。実体的な「わたし」へのこだわりが強い人々です。凡夫から成長するための方法によって、かえって凡夫性が強まるという皮肉な結果にならないように細心の注意が必要です。

実存的な苦しみを抱えているわけでもなく、瞑想も気功も面倒だという人も、現代的な課題の克服という意味では関わりがあるので、理屈だけでも融合的なつながりを感じられるといいと思います。いろいろな試みがありますが、筆者のお勧めはビッグ・バン仮説です。それによると、わたしたちの宇宙は約一三八億年前に始まった、ということになっています。最初はきわめて小さな一つのエネルギーのかたまりであったそうです。それが大爆発（ビッグ・バン）を起こして膨張を始め、現在もなお膨張をつづけています。かつて一つのエネルギーのかたまりであった宇宙は、いまでも同じ一つの宇宙として膨張しつづけているはずです。

この仮説から推測すると、最初の一つのエネルギーのかたまりのなかに、現在の宇宙のすべてが凝縮されていたことになります。あなたもわたしも、動物も植物も、地球も月も、太陽も銀河の星々も、もともと同じ一つのエネルギーのかたまりであったということです。ところが、もともと同じだったものが一三八億年経って、いまではさまざまに形が変わっているので、わたしたちにはそれぞれが初めから違うものであったかのように見えています。同じものである、とはとてもいえません。しかし、もともと同じだったものは、形を変えてもやはり同じといえるのではないでしょうか。宇宙に存在するものはすべて初めから「同じ」であり、いまでも「一つ」であるといえると思います。

宇宙が始まってからまもなくして、最も基本的な原子である水素原子が誕生します。このときにできた水素原子は、いまでも宇宙の物質の九〇パーセント以上を占めているといわれます。また、水素原子の原子核をつくっている陽子の寿命はたいへん長く、現在までの宇宙の年齢をはるかに上まわるそうです。わたしたちの身体の七〇パーセントは水でできています。おそらく、わたしたちの身体のなかには、宇宙が始まったときに誕生した陽子たちがまだ生きつづけていると思われます。もしも陽子に記憶があるとすれば、宇宙一三八億年の歴史のすべては、わたしたちの身体に刻みこまれているはずです。そのように考えると、宇宙一三八億年の歴史を背負っているわたしたちの存在には宇宙的な価値があるといえるのではないでしょうか。なぜなら、宇宙はわたしたちと融合的につながって「一つ」だからです。

わが国で科学的な教育を受けた者であれば、否定しがたい内容をもっているのではないでしょうか。科学的な根拠をもって融合的なつながりを示唆しているので、どんなに頑固な凡夫であっても認めざるを得ないように思います。自他分離的でばらばらの世界観を強固にして提供してきた近代科学に代わって、自他融合的でつながりの世界観を提供できる現代科学が、標準的な科学の常識となって世の中に拡がっていくことを願っています。

二　縁起――行為とその結果

融合的なつながりという観点から見ると、『スッタニパータ』の第六五三詩における縁起の意味は、単なる「行為とその結果」以上のものがあると思わせます。

賢者たちはこのように行為（業）をあるがままに見る。かれらは縁起を見る者であり、行為とその結果〔の融合的なつながり〕を知る者である。（『スッタニパータ』六五三）

縁起とは「行為とその結果」であると説かれています。「融合的なつながり」という補いは、筆者が縁起を自他融合的な自己を基盤とする認識において理解しているということを示しています。

それでは、「行為とその結果の融合的なつながり」とはどのようなものなのでしょうか。まず、「セレンディップの三人の王子」という寓話を手がかりに考えてみましょう。「セレンディップの三人の王子」とは、父王の命令により、世界をたずね歩いて見聞を広めるべく旅に出た三人の王子が、つぎつぎと起こってくる困難を、鋭い観察力や洞察力あるいは勇気と慈悲のこころによって切りぬけて、最終的に幸せをつかむという物語です。

三人の王子は、旅の途中で知りあったペルシャの皇帝から、不思議な力をもつ「正義の鏡」をインドの女王からとり戻してほしい、との依頼を受けます。もともとは皇帝のものだったのですが、訳あって女王の手にわたり、返してくれないのです。その鏡があると人々が善良になり、国が平和になるので、ぜひともとり戻したいというのです。しかし、その女王が住む国に行くためには、どうしても凶暴なアスラが支配する森を通りぬけなければなりませんでした。

出発に際して、僧院長からクジャクの尾の羽根を一本ずつもらいます。僧院長は、それがどのような役にたつのか、またどのように使えばよいのかを知りません。ただ何かの役にたつかもしれないということで贈るのです。三人の王子は、なぜクジャクの尾の羽根なのか、またそれを何のためにどのように使うのかを教わりません。それでも、贈り物をありがたくいただきます。ここで、そのような訳のわからないものを受けとらないという選択もあると思います。しかし、三人の王子は、将来の出来事を予感するかのように、訳のわからないままに受けとるのです。

さて、アスラは地下に住んでいました。アスラは地面の割れ目や裂け目から人間の目を見て、その人のこころのなかにある目的を読みとることができるのです。そうして、敵だと判断すると、地面をもちあげて、人間を馬ごとひっくり返すのだそうです。もちろん、三人の王子はアスラにとって都合の悪い敵とみなされるような目的をもっていました。

三人の王子は一度試みて失敗します。その地に入るやいなや、目の前の地面が深く裂け、前方の地面はどんどん盛りあがって山ほどの高さになり、そこから大きな石や木が転がり落ちてきました。王子たちは肝をつぶしてひき返します。それでも、ひき受けたからには、かならずなし遂げるのだという使命感と意欲は失われていません。どのようにすれば事態を好転できるのか、みなで相談します。

そのとき、クジャクの尾の羽根が目に止まります。クジャクの尾の羽根には人間の目のような形をした模様があることに気がつくのです。その羽根で目をおおいかくしても、すきまから前方を見ることができます。アスラはクジャクの尾の羽根の模様を人間の目と勘違いして、王子たちの敵意を読みとれません。この方法により、王子たちはアスラの攻撃を受けることなく、ぶじに森を通りぬけることができたのでした。

「行為とその結果の融合的なつながり」とはこのようなものです。クジャクの尾の羽根をもらったときには、何のために、またどのように使うのかもわかりませんでした。それがあるとき、「ああ、このためにクジャクの尾の羽根をもらったのだ」と理解できるのです。使い方は一瞬でおのずとわかるものです。ここでは、王子たちが気がついたということがきわめて重要です。気づかなければ、クジャクの尾の羽根を受けとるという行為が、融合的なつながりのある結果として実を結ばないことになります。その場合は、それぞれが別々の出来事として過ぎさっていくように見えるでしょう。気づいたからこそ、行為が融合的なつながりのある結果として実を結ぶのです。つながりを感じる鋭敏さが必要とされます。

このようなものを因果とは呼ばないでしょう。気づかなければ、何が原因で何が結果なのかがはっきりしないからです。融合的に一つにつながった時間のなかで、何を縁としているのかが特定できないので、「縁って」（パティッチャ）「起こる」（サムッパーダ）、すなわち縁起としか表現できないことが起こっています。「これを縁として」（イダッパッチャヤター）この結果があるという、自他分離的な認識にもとづく因果の特定とは異なる種類のものです。

三　スティーブ・ジョブズのスピーチ

行為と結果の融合的なつながりについて、わたしたちの現実の生活で起こっている実例を紹介しましょう。スティーブ・ジョブズが二〇〇五年六月一二日にスタンフォード大学の卒業生に対して行なった有名なスピーチです。

未婚の大学院生だったスティーブ・ジョブズの母親はかれを養子に出そうと決心します。養子先は大卒の家庭でなくてはならないと思っていましたが、結果的に大卒ではない家庭に引き取られることになりました。最初は拒んでいましたが、大学に行かせるという条件で受けいれたそうです。約束どおり大学に入学したのですが、六ヶ月経って、自分が人生でやりたいこともわからず、その答えを見つけるうえで大学がどう役にたつのかわからなかったといいます。そのうえ、大学の学費が高く、労働者階級である両親が生涯をかけて蓄えたお金を使いはたしてしまうのではないかと心配して、中退という決断をします。その後、食事にも困るような生活をしながら、単位取得を気にしなくてもよくなったので、とにかく興味のもてそうな授業にもぐりこみました。

当時のリード大学は、おそらく国内最高のカリグラフィー教育を提供していました。キャンパスの至る所に見られるポスターのどれもが、戸棚ひとつひとつに貼られたラベルのどれもが、美しいデザインの文字で手書きされていたのです。私はすでに中退していて普通の授業を取る必要はありませんでしたから、カリグラフィーの授業に出て、そのやり方を身につけようと心に決めました。セリフやサンセリフといった書体について学びました。いろいろな文字の組み合わせに応じて字間スペースを変えるやり方や、素晴らしいタイポグラフィーを素晴らしいものたらしめているのは何か、といったことについても学びました。それは美しく、歴史があり、科学がとらえきれないような芸術的繊細さを宿したものです。ですから、私はそれに強く惹かれました。

それを人生で実際に役立たせたいなどとは、まったく思っていませんでした。しかし十年後、われわれが最初のマッキントッシュ・コンピューターを設計しているときに、それが一気に私の脳裏によみがえってきたのです。そこでわれわれは、設計段階で、そのすべてをマックに取り込みました。マックは、美しいタイポグラフィーを備えた初めてのコンピューターになったのです。

もしも私が大学であの授業にもぐりこんでいなかったら、マックが複数の書体やプロポーショナルフォントを持つことはなかったでしょう。それに、ウィンドウズはマックをまねただけですから、パソコンがそれらを持つこともなかっただろうと思われます。もしも私が中退していなかったら、あのカリグラフィーの授業にもぐりこむことはなかったでしょうし、パソコンが現在のような素晴らしいタイポグラフィーを備えることもなかったかもしれません。

（『スティーブ・ジョブズ　伝説のスピーチ&プレゼン』朝日出版社）

スティーブ・ジョブズが中退してカリグラフィーの授業を受けたのには、そのときの事情に応じた確かな理由がありました。将来にこのようなことがあるので、その準備のために中退してカリグラフィーの授業を受けたのではありません。行為は十年という時を経て結果へと結びつくのです。「ああ、このために中退したのだ」とか、「ああ、このためにカリグラフィーの授業を受けたのだ」とは言っていませんが、自分自身が訳もわからないまま、ただ自分の心に従ってひたすら生きてきた、その生き方に大きな自信を得たことでしょう。これまでの人生を肯定されたように感じたにちがいありません。

卒業生たちに次のようなことばを贈っています。要約すると、「将来を見据えながら点と点を結ぶことはできないので、点と点が将来何らかの形でつながると信じるしかない、そのように信じることで、人並みの人生からはずれるように見えたとしても、自分の心に従うことに自信がもてるようになる」ということです。自分自身の体験があればこそ言えることばだと思います。また別の箇所では、「自分の心と直観に従う勇気をもってください。あなたの心と直観は、あなたが本当に何になりたいのかを、どうしてだかすでに知っているのです」とも語っています。これから先に何が待っているかわからず、不安でいっぱいの卒業生に対して、勇気と感動を与えたことでしょう。

ある所でこの話をしたところ、ある出版社の方がかなりの勢いで反論されました。「それはおかしい。善いことが起こるのと同じように、悪いことも起こる可能性があるので、それで人生が肯定されるとはかぎらない」と。筆者は、「こういうことを感じられるときは、善いことが起こっているときです。悪いことが起こっているときは、このように感じる余裕もないでしょう」と応えておきました。理屈的には、この方のいわれるとおりです。悪いことが起こる可能性はあります。だからといって、将来悪いことが起こるかもしれないから、自分の心と直観に従う勇気をもってはいけない、とはいわないでしょう。これは臨床的な事象です。思いもよらないことが結びついて、こころからの安堵感や肯定感が得られるのです。また、このようなことは意図的に起こせるわけでもありません。だからこそ、たましいを揺さぶるような強烈な体験としてこころに刻まれるのです。結びつけられない場合は、それぞれの出来事がばらばらに起こったというだけです。

筆者の話もしておきましょう。自分だけの体験を発表するのは控えていましたが、スティーブ・ジョブズのスピーチを知って、筆者も勇気をいただきました。筆者は幼いときに股関節脱臼をして、接合部が完全ではなくなっています。いわゆる胡座がかけません。これがネックになって、仏教の修行方法である坐禅の姿勢ができないものと考えていました。できない人がいるのに、それが必須であるかのような方法は間違っていると考えていました。ですから、ゴータマ・ブッダの思想を探求しながらも、実践にまったく関心がありませんでした。それでも、思想の探求に行きづまり、その打開策は実践しかないのかなと思いはじめていたころです。中国の道家医学気功というものに出合いました。これなら結跏趺坐や半跏趺坐のような無理な姿勢をせずにすみます。というより、その時点では、年をとって股関節の状態が悪くなったときの養生法として心得があった方がいいかなという気持ちでした。数年間かなり熱心に実践しました。実際に手のひらに気を感じられると、おもしろくなってどんどん進めていきました。八甲田山の山中に入って、気の循環のなかに身をまかせたりもしました。

そんなとき、父の容態が悪くなったとの知らせを受けました。父は若いころから脳梗塞やリウマチや高血圧症などをわずらい、そのときには腎臓の透析の治療を受けていました。危篤状態ではありませんでしたが、ベッドの横で父の手を両手で握り、回復するようにと念じました。本来、外気治療は患者に触れないものですが、そんなつもりもなく、ただ念じていました。三〇分くらいそのようにしていたでしょうか。そのときには何も起こりませんでした。ところが、見舞いを終えて、病院からの帰路、バスのなかでなにげなく両手を見ると、両手の爪の付け根のところが全部どす黒くなっているのです。家に帰ると母から電話があり、父の容態がもち直したという知らせでした。そのとき、「ああ、このために気功をしてきたのだ」という思いがわきおこってきました。筆者が気功を始めたときに意図したこととは異なる展開です。母はおどろいて、担当の医師に告げたそうです。医師は「そんなこともあるんですね」と答えたということです。ちなみに、なぜ爪の付け根がどす黒く変色したのかは、筆者が受けてきた科学的な思考では解釈不能です。それ以前もそれ以後も、爪の付け根はほぼ健康な色をしています。

もう一つあげておきます。八月のことでした。秋田に出張の用事があり、インターネットでホテルを予約しようと思いましたが、すべての宿泊施設が予約不能でした。最初はパソコンが壊れたのかと思いましたが、あとで大曲の花火大会の影響だとわかりました。しかたなく能代のホテルを予約しました。当日、電話が入り、深浦で長年勉強会に参加していた方が急に容態が悪くなって入院したということでした。しばらくお休みしていたので心配していたのです。入院先を聞くと、弘前でも青森でもなく、なんと能代でした。そのとき、「ああ、このために秋田ではなく能代のホテルを予約したのだ」という思いがわきおこってきました。用事が終わって、深夜になりましたが、能代の病院で見舞うことができました。秋田から車で送ってくれた方が病院の関係者だったというおまけもつきます。長年の感謝の意を伝えることができ、別れの挨拶ができてよかったと思っています。

スティーブ・ジョブズの例や筆者の第一例はあまり起きないかもしれませんが、筆者の第二例に似たようなことは多くの人が実際に体験しているのではないでしょうか。「縁を感じる」などの体験をしているはずです。しかし、自他分離的な自己を中心にすえる認識にもとづいた経験の蓄積に圧倒され支配されている状況では、それがどのような意味をもつのかまでは思いがいたりません。わが国では、「縁起がよい、悪い」などは日常的に使うことばになっています。スティーブ・ジョブズは、点と点が将来何らかの形でつながることを信じるしかない、といいますが、筆者は、日常のなかの小さな出来事のなかに縁起を実感できるヒントが隠されていると思います。

四　縁起（パティッチャサムッパーダ）とは何か

縁起（パティッチャサムッパーダ）とは何か、を論じるにあたり、十二因縁をもう一度ふりかえってみます。

無明を縁として〔自他分離的〕自己形成力（行）が生じ、〔自他分離的〕自己形成力を縁として意識（識）が生じ、意識を縁として外的対象世界（名色）が生じ、外的対象世界を縁として六つの感覚器官（六処）が生じ、六つの感覚器官を縁として〔感覚器官と外的対象世界と意識との〕接触（触）が生じ、〔感覚器官と外的対象世界と意識との〕接触を縁として感受（受）が生じ、感受を縁として渇愛（愛）が生じ、渇愛を縁として執着（取）が生じ、執着を縁として生存（有）が生じ、生存を縁として生まれ〔生〕が生じ、生まれを縁として老い、死、愁い、悲しみ、苦しみ、憂い、悩みが生じる。このようにして、すべての苦しみの集まりが生じる。

しかしながら、まさにその無明が〔瞑想などの実践を経て〕残りなく消失し滅するがゆえに〔自他分離的〕自己形成力が滅し、〔自他分離的〕自己形成力が滅するがゆえに意識が滅し、意識が滅するがゆえに外的対象世界が滅し、外的対象世界が滅するがゆえに六つの感覚器官が滅し、六つの感覚器官が滅するがゆえに〔感覚器官と外的対象世界と意識との〕接触が滅し、〔感覚器官と外的対象世界と意識との〕接触が滅するがゆえに感受が滅し、感受が滅するがゆえに渇愛が滅し、渇愛が滅するがゆえに執着が滅し、執着が滅するがゆえに生存が滅し、生存が滅するがゆえに生まれが滅し、生まれが滅するがゆえに老い、死、愁い、悲しみ、苦しみ、憂い、悩みが滅する。このようにして、すべての苦しみの集まりは滅する。

（『ウダーナ』一、二ページ）


従来からの慣例で「十二因縁」としていますが、じつはテキストには「十二因縁」ということばはありません。この場面は、「世尊（ゴータマ・ブッダ）は縁起（パティッチャサムッパーダ）を順・逆に考察した」となっています。「順」とは、苦しみが生じる方向です。「逆」とは、苦しみが滅する方向です。「順・逆」とは何か、という議論は別にありますが、ここでは、苦しみが生じる前半部分と苦しみが滅する後半部分とが分けられていることが確認できればよいと思います。そのうえで、全体が縁起（パティッチャサムッパーダ）とされているのです。なぜ全体が縁起（パティッチャサムッパーダ）とされているのでしょうか。此縁性（イダッパッチャヤター）は現われてきません。

つぎに、縁起（パティッチャサムッパーダ）とは何かを問うテキストを見てみます。

縁起（パティッチャサムッパーダ）とは何か。生まれを縁として老死がある。〔生存を縁として生まれがある……（以下、十二因縁の項目について同様）……無明を縁として〔自他分離的〕自己形成力がある。〕この道理は、もろもろの如来がこの世に現われても現われなくても定まり、真理として定まり、真理として確定している此縁性（イダッパッチャヤター）である。……以上のように、〔各項目間の関係において〕此縁性（イダッパッチャヤター）は真実であり、真実を離れず、〔真実と〕異ならない。これが縁起（パティッチャサムッパーダ）といわれる。

（『サンユッタ・ニカーヤ』二・二五―二六ページ）

ここでは「縁起（パティッチャサムッパーダ）とは何か」について語っているはずですが、

十二因縁の前半部分の説明だけで終わっていて、前半部分の真理を此縁性（イダッパッチャヤター）と呼んでいます。後半部分は何も触れられていないので、これだけを見ると、縁起（パティッチャサムッパーダ）とは此縁性（イダッパッチャヤター）である、といっているようです。筆者は、ここは本来であれば、滅することを説く後半部分の説明があってしかるべきだと思います。後半部分を説明したうえで、前半部分の此縁性（イダッパッチャヤター）と合わせて、これが縁起（パティッチャサムッパーダ）である、とすべきなのではないでしょうか。そもそも「縁起（パティッチャサムッパーダ）とは何か」についての問いなのですから。そうすれば、十二因縁を説くテキストと整合性がつくと思います。

もう一つ、縁起（パティッチャサムッパーダ）は、ゴータマ・ブッダが人々に教えを説くのをためらったときの理由を述べる場面で、此縁性（イダッパッチャヤター）とともに現われます。

わたしが感得したこの真理はじつに深遠で、見がたく、理解しがたく、静寂で、すぐれていて、思考の領域ではなく、微妙で、賢者によって知られるべきものである。しかし、人々はアーラヤを好み、アーラヤを楽しみ、アーラヤを喜んでいる。アーラヤを好み、アーラヤを楽しみ、アーラヤを喜んでいる人々には、いわゆる此縁性（イダッパッチャヤター）と縁起（パティッチャサムッパーダ）ということの道理は見がたい。また、あらゆる自他分離的自己形成力が静まること、あらゆるウパディを捨て去ること、渇愛を消滅すること、ヴィラーガ、〔苦しみを〕滅すること、ニッバーナ（涅槃）ということの道理もまた見がたい。

（『マッジマ・ニカーヤ』一・一六七ページ）

ここでは、此縁性（イダッパッチャヤター）と縁起（パティッチャサムッパーダ）が並列的に現われています。これまでの考察から推察すると、ここでは、アーラヤを楽しむ人々が見がたい道理とは、十二因縁の前半部分の此縁性（イダッパッチャヤター）と後半部分の縁起（パティッチャサムッパーダ）であり、とくに後半部分の細部が強調されているようです。

以上を整合性がつくようにまとめると、十二因縁の前半部分を此縁性（イダッパッチャヤター）と呼び、後半部分を縁起（パティッチャサムッパーダ）と呼んだのではないかと考えるのが妥当かと思います。そのうえで、全体を縁起（パティッチャサムッパーダ）と呼んだということではないでしょうか。たとえば、一つの論文のなかで、前半部分は異論に対する反論を述べ、後半部分でまさしく正論を述べる、そうして論文全体のタイトルは正論を提示する、このようなことではないかと思います。

此縁性（イダッパッチャヤター）とは、自他分離的な自己を中心にすえる認識において、「あれ、これ」という自他分離的な言語によって、ばらばらに分離された自己と世界がたちあがっているように見えることです。「〔あれ〕これを縁として」起こっているので、此縁性（イダッパッチャヤター）と呼んでいます。十二因縁の前半部分で、これによって苦しみが生じています。

縁起（パティッチャサムッパーダ）とは、自他融合的な自己を基盤とする認識において、もともと融合的につながりあっている自己と世界がたちあがっているように見えることです。あらゆるものが一つにつながりあい、「縁って起こっている」ので、縁起（パティッチャサムッパーダ）と呼んでいます。十二因縁の後半部分で、苦しみが滅したあとに安らぎが生じています。

十二因縁の全体は凡夫の見方からブッダの見方への統合ないし成長を示しているともいえます。またゴータマ・ブッダが目的とした苦しみからの解放にもかなうので、縁起（パティッチャサムッパーダ）というブッダの見方で全体を呼んだのであろうと考えます。

五　ナーガールジュナ（龍樹）と縁起

部派仏教では、縁起（パティッチャサムッパーダ）は理解されなかったのか、あまり議論されません。此縁性（イダッパッチャヤター）の本質も理解できなかったようです。理解できたのは「因果」だったようで、因果をめぐる分析は詳細をつくします。ゴータマ・ブッダが意図した方向とは異なる方向に進んでいったように思われます。ナーガールジュナ（龍樹）の出現が久しく待たれました。

ここでゴータマ・ブッダを離れて、ナーガールジュナの縁起に対する考えを見てみたいと思います。ナーガールジュナの著作とされている『中論』の冒頭の「帰敬偈」は次のようです。

不滅不生、不断不常、不一不異、不来不去であり、戯論が寂滅することであり、吉祥である縁起を説かれた、説法者中の最高、正しく目覚めた方に敬礼します。

ナーガールジュナは、ゴータマ・ブッダが「戯論が寂滅することである縁起」を説いたと考えているようです。「戯論」とはサンスクリット語でプラパンチャといい、「形而上学的論議」「言語的展開」「言語的多元性」「言語の虚構」「言葉の増殖」などと訳されています。解釈がむずかしいことばですが、「言語」に関わることは確かなようです。「寂滅」とは「静まること」という意味で、第一章で「諸行無常……寂滅為楽」で用いられた「寂滅」と同じものです。そこでは「サンカーラが静まることが安楽である」と訳しました。この場合は「プラパンチャが静まることが縁起である」と解釈できるでしょうか。

ゴータマ・ブッダにおいては、自他分離的な自己を形成する力、サンカーラによって自他分離的な自己が形成され、固定的で実体的な「わたし」が変わることなく永遠に他と関係なくそれだけで存在するかのような思いこみが浸透して、死なない「わたし」が増幅され、生死に関わる実存的な苦しみがもたらされる、という洞察がありました。苦しみを抱える凡夫たちには自他分離的な自己を中心にすえる認識が成立しており、「あれ、これ」という自他分離的な言語によって拡張されて、ばらばらに分離された自己と世界がたちあがっているように見えています。十二因縁の前半部分です。

ところが、サンカーラが静まることによって自他分離的な自己が形成されなくなり、自他分離的な自己を中心にすえる認識から自他融合的な自己を基盤とする認識への統合ないし成長が実現されると、自他融合的な自己を基盤とする認識において、もともと融合的につながりあっている自己と世界がたちあがっているように見えてきます。すでに凡夫ではなくなり、実存的な苦しみは滅し、安らぎが生じています。十二因縁の後半部分です。

十二因縁においては、サンカーラが静まることが縁起なのではなく、サンカーラが静まることによって認識のあり方が自他分離的な自己を中心にすえる認識から自他融合的な自己を基盤とする認識へと統合ないし成長したときにたちあがってくる自己と世界の見え方、すなわち融合的につながりあっている自己と世界がたちあがっているように見えることを縁起と呼んでいるのだと思います。あらゆるものが一つにつながりあい、「縁って起こっている」〔ように見える〕ので縁起と呼ばれたのです。

プラパンチャはサンカーラの機能を言語に特化したものと考えてはどうでしょうか。「ことばの実体化力」と解釈したいと考えます。したがって、上記の記述のサンカーラをプラパンチャに代えることが可能です。『中論』では「プラパンチャが静まることが縁起である」と説かれていますが、実際は、プラパンチャが静まることが縁起なのではなく、プラパンチャが静まることによって認識のあり方が自他分離的な自己を中心にすえる認識から自他融合的な自己を基盤とする認識へと統合ないし成長したときにたちあがってくる自己と世界の見え方、すなわち融合的につながりあっている自己と世界がたちあがっているように見えることを縁起と呼ぶべきだと思います。あらゆるものが一つにつながりあい、

「縁って起こっている」〔ように見える〕ので縁起と呼ばれたと思われるからです。ただ、「不滅不生、不断不常、不一不異、不来不去である縁起」、「吉祥である縁起」とも述べているので、「プラパンチャが静まることが縁起である」という言い方は縁起の一側面の表現であると捉えるべきなのかもしれません。「不滅不生、不断不常、不一不異、不来不去である縁起」は自他分離的な認識における生滅、常断、異一、去来という分離的な見え方を否定し、自他融合的な認識においては生滅、常断、異一、去来という分離的な見え方は認められないことを示しているので、融合的につながりあっているように見える縁起の表現としてふさわしいと思います。

また、ナーガールジュナは、ゴータマ・ブッダが二つの真実〔二諦〕によって教えを説いたと考えています。世俗の真実〔世俗諦〕と究極の真実〔勝義諦〕です。これもさまざまな解釈がありますが、一般的な解釈をプラパンチャを用いて説明すると次のようになろうかと思います。プラパンチャ〔ことばの実体化力〕によって構築された世界があります。わたしたち凡夫が認識しているのはそのような世界であり、それが世俗の真実です。一方で、プラパンチャ〔ことばの実体化力〕が静まった世界があります。それこそがブッダによって認識される世界であり、究極の真実です。凡夫は世俗の真実だけを生存の基盤にしていますが、ブッダは世俗の真実と究極の真実の両方を生存の基盤にしています。それゆえ、ブッダはプラパンチャが静まった世界にありながら、あえてことばを使って究極の真実を示し、苦しむ凡夫たちを導くために教えを説くことができたのです。ブッダがプラパンチャが静まった世界にありながら、なぜことばを使って教えを説いたのかという疑問を解決するための巧みな説明だと思います。

筆者が二つの真実を用いて説明するとすれば次のようになります。プラパンチャによって形成された自他分離的な自己を中心にすえる認識のあり方をとおして、ばらばらに分離された自己と世界がたちあがっているように見えているのが世俗の真実です。プラパンチャが静まることによって認識のあり方が自他分離的な自己を中心にすえる認識から自他融合的な自己を基盤とする認識へと統合ないし成長したときに、融合的につながりあっている自己と世界がたちあがっているように見えているのが究極の真実です。究極の真実は世俗の真実を含んで超えています。含んで超えているので、ブッダがプラパンチャが静まった世界にありながらことばを使って教えを説くことに何の違和感もないし、疑問はすでに解決済みです。

ナーガールジュナには「統合ないし成長」という視点が見受けられません。凡夫とブッダのあいだに完全な断絶があるので、プラパンチャが静まった世界にいるはずのブッダが凡夫のようにことばを使って教えを説くことが問題になるのだと思います。二つの真実によってうまく説明しているように見えますが、世俗の真実と究極の真実を平面的にならべているだけのような印象は否めません。状況を説明するための理論としては間違っていないと思います。しかし、究極の真実を体現するための実践論に対する配慮が欠けているように思われます。二つの真実が単純化されて、ことばに依存する世俗の真実とことばに依存しない究極の真実となり、さらに、ことばのない状態が究極の真実である、などという極端な言説が行なわれるようになる恐れがあり、実際にそのような誤解が生じています。「主客未分の直接経験」などが追求されるようになるのは、このあたりの影響が大きいのではないかと推察します。極端な言説を真に受けたまじめな修行者は、究極の真実を目指して一生懸命精進することでしょう。瞑想は、幸か不幸か、因果というか、ことばのない状態を実現できます。ところが、瞑想から出ると再びことばのある状態にもどります。すると修行が後退しているように感じられるので、またことばのない状態を作りだそうとします。このくり返しです。何も得るものはありません。真理を追求しようとする人々はこの罠にかかりやすいように思われます。〔届くことのない〕真理に到達することを目的としているからです。苦しみを解決したい人々はこの罠にかかりにくいように思われます。真理に到達することが目的ではないからです。

最後に、『中論』第二十六章では十二因縁について論じています。ただし、輪廻という観点からの伝統的な考察に終わっています。

第三章　無常・苦・非我その先へ

本章は前半部分が論文形式になっているので、予備的な知識を記しておきます。ゴータマ・ブッダの教えを伝える原始仏教経典においては、無常と苦と非我がセットで説かれることがあります。無常と苦と非我は、後の部派仏教では修行道に関連づけられて重要視され、現在の上座仏教においても重要な位置づけがなされています。ただしそこでは、無常の教えと苦の教えと非我の教えが個々別々に並列的に説かれていると捉えられていて、それぞれの教えがそれぞれに重要であると考えられているだけです。無常と苦と非我の関連について、あるいは無常と苦と非我がセットで説かれている意義のようなものはあまり考察されていません。筆者はむしろ、それらを探求する方が重要であると思っています。

原始仏教経典のうち、テーマ別に整理され編集された『サンユッタ・ニカーヤ（相応部）』に含まれる「カンダ・サンユッタ（蘊相応）」には、五蘊（色・受・想・行・識）の無常・苦・非我に関わる教説が多数収められています。それらをただ並べてみても、上記のような従来通りの考察しかできないでしょう。そこで戦略的にまず「カンダ・サンユッタ」に説かれる多くの教説のうち、無常・苦・非我の教説以外の教説を精査し、「カンダ・サンユッタ」全体を編集した意図ないしテーマのようなものを想定してみます。つぎに、全体のテーマを考慮に入れながら、より幅広い文脈のなかで、無常と苦と非我の関連性や無常と苦と非我がセットで説かれている意義などについて考察したいと考えています。

無常・苦・非我の非我はパーリ語ではアナッタンです。これは無我（我はない）とも訳され、非我（我ではない）とも訳されます。これまでの慣例では無我と訳されることが多かったのですが、ゴータマ・ブッダの思想の研究が進むにつれて、ゴータマ・ブッダが説いたのは非我であり、無我ではなかったと考えるのが妥当であるという見解が広く支持されるようになっています。「カンダ・サンユッタ」全体を通しても、色・受・想・行・識について〔わたしの〕我は有るか無いかは問われていません。むしろ、色・受・想・行・識について〔わたしの〕我ではないと見ることが強調されています。筆者も無我ではなく非我と解釈すべきであると考えます。以上の理由から、本章のタイトルにおいてすでに非我と表記してあります。ご了承ください。

本文中に、色〔・受・想・行・識〕という表記があります。これは、色・受・想・行・識が一つひとつ個別に説かれているという意味です。経典には、色は……、受は……、想は……、諸行（行だけは複数形です）は……、識は……というように説かれています。これを筆者が便宜上まとめて色（・受・想・行・識）と表記したものです。また、色・受・想・行・識の日本語訳については後半で検討します。とりあえずは漢訳で示しておきます。『般若心経』でおなじみだと思います。また、たとえば「根本第一章第一経」という表記は、「カンダ・サンユッタ」における出典箇所を示しています。

本章の一～三は、拙稿「「カンダ・サンユッタ」の無常・苦・非我」『印度学仏教学研究』第六六巻第一号、二〇一七年一二月、四～六は、同「無常・苦・非我に関わる教説における苦の意味」『創価大学人文論集』第三〇号、二〇一八年三月、を基礎にしています。後者には、「カンダ・サンユッタ」の全経典の要点が参考資料として添付されています。七は書き下ろしです。

一　無常・苦・非我の教説

無常・苦・非我が一括りにまとめて現われてくる教説を、無常・苦・非我の教説の基本的な型として想定しておきます。次の二種類です。

（A）色（・受・想・行・識）は無常である。色（・受・想・行・識）は苦である。色

〔・受・想・行・識〕は非我である。

（B）色〔・受・想・行・識〕は無常である。無常であるものは苦である。苦であるものは非我である。

二　無常・苦・非我以外の教説

「カンダ・サンユッタ」全体に見られる教説のうち、先にあげた、無常・苦・非我の教説の基本的な型以外の教説をまとめてみると、以下のようになります。

（1）我見

「凡夫は色〔・受・想・行・識〕を我であると見、我は色〔・受・想・行・識〕を所有していると見、我のなかに色〔・受・想・行・識〕を見、色〔・受・想・行・識〕のなかに我を見る。……聖弟子は色〔・受・想・行・識〕を我であると見ず、我は色〔・受・想・行・識〕を所有していると見ず、我のなかに色〔・受・想・行・識〕を見ず、色〔・受・想・行・識〕のなかに我を見ない」。

この定型句を共通に含む教説を集めて、多様に説かれる内容を吟味し考察し、意図される主張を再構成してみると、次のようになると思われます。

「凡夫は色〔・受・想・行・識〕を我であると見、我は色〔・受・想・行・識〕を所有していると見、我のなかに色〔・受・想・行・識〕を見、色〔・受・想・行・識〕のなかに我を見る。このようにして、有身見《うしんけん》が生じる」（中分第三章第一〇経）。「これが自己に従って見るということであり、それは、わたしは存在するという〔思いこみ〕にいたる」（根本第五章第五経）。「わたしは色〔・受・想・行・識〕である、色〔・受・想・行・識〕はわたしのものであると執らわれてしまう。わたしは色〔・受・想・行・識〕である、色〔・受・想・行・識〕はわたしのものであると執らわれていても、その色〔・受・想・行・識〕は変化し変異する。色〔・受・想・行・識〕が変化し変移することにより、かれに愁い・悲しみ・苦しみ・憂い・悩みが生じる」（根本第一章第一経）。

「聖弟子は色〔・受・想・行・識〕を我であると見ず、我は色〔・受・想・行・識〕を所有していると見ず、我のなかに色〔・受・想・行・識〕を見ず、色〔・受・想・行・識〕のなかに我を見ない。このようにして、有身見は生じない」（中分第三章第一〇経）。「つぎのような見解もない。それは我である、それは世界である。それは死後に常住であり、恒久であり、常恒であり、変化しないものであろう、と。……わたしは存在しないかもしれないし、わたしの〔我も〕存在しないかもしれない。未来にわたしは存在しないだろうし、わたしの〔我も〕存在しないであろう、と」（中分第三章第九経）。「わたしは色〔・受・想・行・識〕である、色〔・受・想・行・識〕はわたしのものであると執らわれない。わたしは色〔・受・想・行・識〕である、色〔・受・想・行・識〕はわたしのものであると執らわれないまま、その色〔・受・想・行・識〕は変化し変異する。色〔・受・想・行・識〕が変化し変異しても、かれに愁い・悲しみ・苦しみ・憂い・悩みは生じない」（根本第一章第一経）。

（2）無常・苦・変化する性質のもの

「これをどう思うか。色〔・受・想・行・識〕は常住であるか、あるいは無常であるか」。「無常です」。「無常であるものは苦であるか、あるいは楽であるか」。「苦です」。「無常であり、苦であり、変化する性質のものを、これはわたしのものである、わたしはこれである、これはわたしの我であると見ることは正しいか」。「そうではありません」。「それゆえに、ここで、およそどんな色〔・受・想・行・識〕であれ、過去・未来・現在の、内的・外的の、粗大・微細の、劣った・優れた、遠くにある・近くにあるすべての色〔・受・想・行・識〕を、これはわたしのものではない、わたしはこれではない、これはわたしの我ではないと、このようにこれをありのままに正しい智慧によって見るべきである」。

この定型的会話は、教えの根本について確認したり、補足したりする文脈で現われているようです。教えについて混乱したり、とくに「我」の問題において疑問が生じたりした弟子たちを、つねにここに立ち戻らせようとしていたのではないかと思われます。

（a）「いかなる沙門・バラモンであれ、無常であり、苦であり、変化する性質の色〔・受・想・行・識〕をもとにして、わたしは優れているとか、わたしは同等であるとか、わたしは劣っていると見るならば、ありのままに見ていない以外の何ものであろうか。いかなる沙門・バラモンであれ、無常であり、苦であり、変化する性質の色〔・受・想・行・識〕をもとにして、わたしは優れているとも、わたしは同等であるとも、わたしは劣っているとも見ないならば、ありのままに見ている以外の何ものであろうか」の後に、この定型的会話が現われます。ここでは、色〔・受・想・行・識〕は優等劣の比較の根拠にならないことを示し、それを確認するために説かれています（根本第五章第七経）。

（b）「色〔・受・想・行・識〕は非我である。色〔・受・想・行・識〕が我であるならば、この色〔・受・想・行・識〕が病気になることはないであろうし、また色〔・受・想・行・識〕に対して、わたしの色〔・受・想・行・識〕はこのようにあれとか、このようにあってはならないとか、〔いう〕ことができるであろう。しかしながら、色〔・受・想・行・識〕は我ではない。それゆえ、この色〔・受・想・行・識〕が病気になることもあるし、また色〔・受・想・行・識〕に対して、わたしの色〔・受・想・行・識〕はこのようにあれとか、このようにあってはならないとか、〔いう〕ことができないのである」の後に、この定型的会話が現われます。ここでは、色〔・受・想・行・識〕が非我であることの理由が述べられていて、なぜ色〔・受・想・行・識〕を、これはわたしのものではない、わたしはこれではない、これはわたしの我ではない、と見なければならないのかという点を補足強化しています（中分第一章第七経、「非我相経」）。

（c）「色〔・受・想・行・識〕は非我であるといわれる。我によって作られたものでないもろもろの業は、どの我に触れるのであろうか」の後に、この定型的会話が現われます。ここでは、我にこだわる議論に対して説かれていて、筆者はここにゴータマ・ブッダの基本的姿勢が示されていると考えます。問いには直接答えず、我に対するこだわりを質問者自身に気づかせるという手法は、いかにもゴータマ・ブッダらしい対応です（中分第三章第一〇経）。

（d）「色〔・受・想・行・識〕に取著すると、わたしは存在するという〔思いこみ〕がある。取著しなければ、〔その思いこみは〕ない」の後に、この定型的会話が現われます。ここでは、取著をさせないために説かれています（中分第四章第一経）。

（e）「色〔・受・想・行・識〕に対して貪欲を離れず、欲望を離れず、愛着を離れず、渇望を離れず、熱悩を離れず、渇愛を離れない者には、その色〔・受・想・行・識〕が変化し変異することにより、愁い・悲しみ・苦しみ・憂い・悩みが生じるか」。「生じます」。……「色〔・受・想・行・識〕に対して貪欲を離れ、欲望を離れ、愛着を離れ、渇望を離れ、熱悩を離れ、渇愛を離れた者には、その色〔・受・想・行・識〕が変化し変異することにより、愁い・悲しみ・苦しみ・憂い・悩みは生じるか」。「生じません」の後に、この定型的会話が現われます。ここでは、貪欲や欲望を離れさせるために説かれています（中分第四章第二経）。

（f）「わたしは世尊によって説かれた教えをこのように理解しています。すなわち、煩悩を滅尽した修行僧は、身体が滅ぶと、破壊されて滅亡し、死後には存在しない、と」の後に、この定型的会話が現われます。ここでは、断滅論に対して説かれています。ここにも我にこだわる議論に対する基本的姿勢が表明されていると考えます（中分第四章第三経）。

（g）「禅定を真髄とする沙門・バラモンは、禅定が得られないときに、わたしは衰退しているのではないかと考える」の後に、この定型的会話が現われます。ここでは、教えにおいて退歩していないことを知らしめるために、これはわたしのものではない、わたしはこれではない、これはわたしの我ではない、ということを確認させているようです。教えの根本に立ち戻る、という意味があるのではないでしょうか（中分第四章第六経）。

（3）欲望や貪欲を離れる、捨てる

「色〔・受・想・行・識〕に対して貪欲を離れず、欲望を離れず、愛着を離れず、渇望を離れず、熱悩を離れず、渇愛を離れない者には、その色〔・受・想・行・識〕が変化し変異することにより、愁い・悲しみ・苦しみ・憂い・悩みが生じる。……色〔・受・想・行・識〕に対して貪欲を離れ、欲望を離れ、愛着を離れ、渇望を離れ、熱悩を離れ、渇愛を離れた者には、その色〔・受・想・行・識〕が変化し変異しても、愁い・悲しみ・苦しみ・憂い・悩みは生じない」（根本第一章第二経）。

したがって、「色〔・受・想・行・識〕に対する欲望と貪欲があれば、それを捨てなさい。そうすれば、その色〔・受・想・行・識〕は捨てられ、根が断たれ根なしにされたターラ樹のように、存在しないものにされ、未来に生じないものとなるであろう」（根本第三章第四経）。また、「色〔・受・想・行・識〕はわたしのものでないものである。それに対して、あなたは欲望を捨てるべきである」（中分第二章第七経）。「色〔・受・想・行・識〕は〔心を〕染めるものである。それに対して、あなたは欲望を捨てるべきである」（中分第二章第八経）とも説かれます。

(4) 味と患と離

「色〔・受・想・行・識〕に縁って生じる楽や喜び、これが色〔・受・想・行・識〕の味である。色〔・受・想・行・識〕は無常であり、苦であり、変化する性質のものであること、これが色〔・受・想・行・識〕の患である。色〔・受・想・行・識〕に対する欲望と貪欲を制御し、欲望と貪欲を捨てること、これが色〔・受・想・行・識〕からの離である。……わたしはこれら五取蘊の味を味として、患を患として、また離を離としてありのままに知ったので、神々を含み、マーラを含み、ブラフマー神を含む世界のなかで、沙門・バラモンを含み、神々や人間を含む人々のなかで、わたしは無上の正しいさとりに目覚めた、とはじめていったのである」（根本第三章第五経）。また、「凡夫は色〔・受・想・行・識〕の味と患と離をありのままに知らない。聖弟子は色〔・受・想・行・識〕の味と患と離をありのままに知る」（中分第三章第一経）。

三 考察

前節で、四タイプの無常・苦・非我以外の教説を見てきました。無常・苦・非我の教説と合わせると、「カンダ・サンユッタ」に説かれる教説のほとんどを占めています。

（1）では、我見があると「わたしは色〔・受・想・行・識〕であり、色〔・受・想・行・識〕はわたしのものであると執らわれてしまう」とされ、それが愁い・悲しみ・苦しみ・憂い・悩みを生じさせる、といわれます。我見がないと、執らわれることもなく、愁い・悲しみ・苦しみ・憂い・悩みは生じない、といわれます。そのために何をすべきかは説かれていませんが、推測されるのは、「我見をなくすこと」すなわち「色〔・受・想・行・識〕を我と見ないこと、我は色〔・受・想・行・識〕を所有していると見ないこと、我のなかに色〔・受・想・行・識〕を見ないこと、色〔・受・想・行・識〕のなかに我を見ないこと」です。

（2）では、さまざまな状況下における対応策として、「無常であり、苦であり、変化する性質のものである色〔・受・想・行・識〕を「これはわたしのものではない、わたしはこれではない、これはわたしの我ではない」とありのままに正しい智慧によって見ること」が具体的な方法として示されています。

（3）では、（1）と同じく、色〔・受・想・行・識〕に対する貪欲や欲望があると、愁い・悲しみ・苦しみ・憂い・悩みを生じさせる、といわれます。貪欲や欲望がないと、愁い・悲しみ・苦しみ・憂い・悩みは生じません。そのためには、色〔・受・想・行・識〕に対する貪欲や欲望を離れること、捨てることが説かれます。

（4）では、色〔・受・想・行・識〕の味と患と離が説かれます。そのうちの患とは、（2）の「色〔・受・想・行・識〕が無常であり、苦であり、変化する性質のものであること」そのものを指しています。また、離とは、（3）の「色〔・受・想・行・識〕に対する欲望や貪欲を離れること」そのものです。

（2）と（3）と（4）をまとめると、無常であり、苦であり、変化する性質のものである色〔・受・想・行・識〕に対して、「これはわたしのものではない、わたしはこれではない、これはわたしの我ではない、とありのままに正しい智慧によって見ること」と「貪欲や欲望を離れること」が説かれている、といえます。さらに、（2）の（e）には、貪欲や欲望を離れさせるために、「これはわたしのものではない、わたしはこれではない、これはわたしの我ではない、とありのままに正しい智慧によって見ること」が説かれているので、結局のところ、愁い・悲しみ・苦しみ・憂い・悩みを生じさせないための方法として、無常であり、苦であり、変化する性質のものである色〔・受・想・行・識〕に対して、「これはわたしのものではない、わたしはこれではない、これはわたしの我ではない、とありのままに正しい智慧によって見ること」が説かれている、といってよいのではないでしょうか。

以上のように、無常・苦・非我以外の教説は、愁い・悲しみ・苦しみ・憂い・悩みを生じさせないためには（1）「我見をなくすこと」が重要であることを説き、その方法として、（2）（3）（4）無常であり、苦であり、変化する性質のものである色〔・受・想・行・識〕に対して、「これはわたしのものではない、わたしはこれではない、これはわたしの我ではない、とありのままに正しい智慧によって見ること」を説いている、といえます。

仮にこれが「カンダ・サンユッタ」全体の編集意図ないしテーマであるとすると、無常・苦・非我の教説の基本的な型の（A）は編集意図ないしテーマに沿わないものです。（A）は無常の教えと苦の教えと非我の教えが個々別々に並列的に説かれているように考えられるからです。（B）はこの編集意図ないしテーマに沿ったものです。（B）は無常と苦と非我は関連をもって説かれているように考えられるからです。

「カンダ・サンユッタ」において、無常と苦について単独で説かれる経典は数が少なく、散発的です。特別な意図をもって説かれているようにも思えません。無常・苦・非我の教説といわれますが、じつは無常と苦と非我はそれぞれが同等の重みをもって説かれているのではないように思われます。「色〔・受・想・行・識〕が無常であり、苦であり、変化する性質のものであることは、世間の賢者たちから承認されたものであるし、わたしもそれを〔承認されたもので〕あるという」（中分第五章第二経）とあるように、無常と苦は世間で承認されたものであり、理解も容易です。一方、非我は理解が困難です。理解が困難な非我に対する理解を進めさせるために、理解が容易な無常と苦が採用された、いい換えれば、無常と苦は非我の教えに誘導するための導入部として説かれている、といえると思います。主眼は非我にあったのです。要するに、無常・苦・非我の教説は端的にいって非我を説く教説だということです。それは、無常であり、苦であり、変化する性質のものである色〔・受・想・行・識〕に対して、「これはわたしのものではない、わたしはこれではない、これはわたしの我ではない」とありのままに正しい智慧によって見る、という具体的な方法によって共有され、また確認されていたであろうと考えます。それによって、我見ないし我に対するこだわりから解放されることが目指されていたのです。

四　苦の二つの意味

「カンダ・サンユッタ」全体を通して、我見や我に対するこだわりを離れること、そのために「無常であり、苦であり、変化する性質のものである色・受・想・行・識を、これはわたしのものではない、わたしはこれではない、これはわたしの我ではない、とありのままに正しい智慧によって見るべきである」という主張が一貫しています。無常・苦・非我に関わる教説とは方法論としての非我を説く教説である、と結論づけられます。すなわち、無常・苦・非我に関わる教説は、「無常」の教えと「苦」の教えと「非我」の教えが個々別々に並列的に説かれているのではなく、無常と苦は非我に誘導するための導入部として説かれているのであって、主眼は非我にあったということです。色・受・想・行・識を五蘊としてまとめれば、「五蘊非我説」が説かれているのです。

ここでは、この教説で用いられる苦の意味について考えてみます。導入部として説かれた無常と苦のうち、無常については、意味として誤解される要素はあまりありません。ところが、苦については、おおいに誤解される要素があり、実際に誤解されてきたように思われます。適切な意味を与えることで、非我説としての意義がいっそう明らかになり、全体としての趣旨もすっきりすると思います。

苦と訳されるパーリ語ドゥッカについて、中村元博士は次のようにいわれます。「インドの一般の言語においては『うまく行かぬ』『……し難い』『……するのがむつかしい』という意味で、不変詞（indeclinable）として用いられる。それが名詞として『希望どおりにならぬこと』、さらに転じて『苦しみ』『悩み』をも意味することとなり、インド思想史上の中心観念の一つとなったのである」（中村元「苦の問題」『仏教思想5　苦』平楽寺書店、一九八〇年、六ページ）と。ここで語られているのは、苦には二つの意味があるということです。

一つはゴータマ・ブッダの思想ないし仏教全体の原点ともいうべき「苦悩」の意味です。四諦説に代表されるように、ゴータマ・ブッダの思想ないし仏教は苦悩の自覚に始まり、苦悩の解決に終わるといってよいほどです。苦悩の原因をたずね、原因を解決することによって苦悩の解決をはかるべく、八正道という方法を用います。原因の探求は十二因縁にまで詳しく及ぶようになりました。仏教で苦といえば、だれでもがこの「苦悩」という意味で解釈してきたと思います。

二つ目は一般的な意味での「思い通りにならないこと」「希望通りにならないこと」です。これは、思い通りにならないから「苦悩」がある、という意味での苦ではなく、思い通りにならないことそのものを苦というのです。苦悩という感情的ないし実存的な情感ではなく、思い通りにならないという理性的ないし自省的な判断です。

五　無常・苦・非我に関わる教説への適用

無常・苦・非我に関わる教説において、苦が説かれるパターンは四つに分けられます。

（1）色〔・受・想・行・識〕は無常である。色〔・受・想・行・識〕は苦である。色

〔・受・想・行・識〕は非我である。
（2）色〔・受・想・行・識〕は無常である。無常であるものは苦である。苦であるものは非我である。
（3）「色〔・受・想・行・識〕は常住であるか、無常であるか」。「無常です」。「無常であるものは苦であるか、楽であるか」。「苦です」。
（4）「無常であり、苦であり、変化する性質のもの（色〔・受・想・行・識〕）を、これはわたしのものである、わたしはこれである、これはわたしの我であると見ることは正しいか」。「そうではありません」。

これらの四つのパターンに前述の苦の二つの意味を適用してみるとどうなるでしょうか。

（1）色〔・受・想・行・識〕は苦悩である。または、色〔・受・想・行・識〕は思い通りにならない。
（2）無常であるものは苦悩である。苦悩であるものは非我である。または、無常であるものは思い通りにならない。思い通りにならないものは非我である。
（3）「無常であるものは苦悩であるか、安楽であるか」。「苦悩です」。または、「無常であるものは思い通りにならないか、思い通りになるか」。「思い通りになりません」。
（4）「無常であり、苦悩であり、変化する性質のもの、または、無常であり、思い通りにならず、変化する性質のものを、これはわたしのものである、わたしはこれである、これはわたしの我であると見ることは正しいか」。「そうではありません」。

いずれも、「思い通りにならないこと」という意味の方が文脈にふさわしいと思われます。翻訳という観点からは、「苦」と訳しておけば無難であり、とくに問題も起きませんが、無常・苦・非我に関わる教説をどのように理解するかという観点からは、そこをあえて問題にして、「苦」が意味するところを明確にしなければなりません。上記のように、「苦」は「苦悩」という意味ではなく、「思い通りにならないこと」という意味であることが明確になると、無常・苦・非我に関わる教説が意図するところもおのずと明確に見えてくると思います。

六　まとめ

以上の考察をふまえ、苦の意味を「思い通りにならないこと」としたうえで、「カンダ・サンユッタ」全体のテーマと結論づけた主張に適用すると、「我見や我に対するこだわりを離れるために、無常であり、思い通りにならず、変化する性質のものである色・受・想・行・識を、これはわたしのものではない、わたしはこれではない、これはわたしの我ではない、とありのままに正しい智慧によって見るべきである」となります。常住性と自在性と不変性をもたない色・受・想・行・識は我ではないと見るべきである、といっているのです。これまでのように「苦悩」という意味のまま、「無常であり、苦悩であり、変化する性質のものである色・受・想・行・識を、これはわたしのものではない、わたしはこれではない、これはわたしの我ではない、とありのままに正しい智慧によって見るべきである」とするよりも、全体の趣旨がすっきりと通るようになると思います。また、色・受・想・行・識は我ではない、すなわち非我であることを理解させるための導入部として、無常であり、思い通りにならないことが説かれていたこともはっきりし、さらに「カンダ・サンユッタ」が全体として、色・受・想・行・識は非我であること、すなわち「五蘊非我説」を説いていることも、より明確に理解できるようになったのではないかと考えます。

七　色・受・想・行・識とは何か

色・受・想・行・識について、原始仏教経典には詳しい定義がありません。中村元博士は、色・受・想・行・識を翻訳するのは非常に困難であると前置きしたうえで、色は「物質的なかたち、身体」、受は「感受作用」、想は「表象作用」、行は「形成作用」、識は「識別作用」と訳されています。色は物質的要素の集まり、受・想・行・識は精神的要素の集まりで、合わせて身心と解釈される場合がほとんどです。信頼すべき仏教学がこれを基本としていることもあり、どの仏教書を見ても、これからはずれるものはまずありません。

ここで原点にもどってみましょう。本章では、「カンダ・サンユッタ」において、色・受・想・行・識は非我である、と説かれていることを確認しました。五蘊非我説とまとめて呼びましたが、実際には、色は非我である、受は非我である、想は非我である、諸行は非我である（行だけは複数形です）、識は非我である、と一つひとつについて個別に説かれています。非我とは何でしょうか。我ではない、ということです。このことをわざわざ強調するのは、当時の人々が色・受・想・行・識を「我である」（我とは、わたしの本体、実体としてのわたし、わたしをわたしたらしめている本源、個体の根本原理のことで、永遠に変わることなくそれだけで存在するものです）と考えていたからではないでしょうか。それを正すために、色・受・想・行・識は「我ではない」と説く必要があったのだと思います。そうであれば、色・受・想・行・識は「我である」と人々が思いこんでしまっている何かでなければなりません。

（1）行

このような観点から色・受・想・行・識を見ると、まっ先に問題になるのは行（サンカーラ）です。筆者は第一章「十二因縁その先へ」でサンカーラを「自他分離的自己形成力」と解釈しています。このサンカーラによって自他分離的な自己が形成され、その自他分離的な自己を中心にすえる認識が習慣化し、しだいに無意識のレヴェルで固定的で実体的な「わたし」が変わることなく永遠にそれだけで存在するかのような思いこみが浸透していきます。これはサンカーラによって形成された自他分離的な自己を、実体的な「わたし」と思い違いしていることを意味します。十二因縁においては、この思い違いによって苦しみがもたらされると説かれますから、ゴータマ・ブッダにとって解決すべき最も重要な問題に関わっているといえます。

さきほど述べたように、経典には色・受・想・行・識の一つひとつについて無常と苦と非我が説かれますので、当然ですが、諸行無常・諸行苦・諸行非我が説かれています。「諸行無常」とは、もろもろの自他分離的自己形成力は無常である、ということです。そうであれば、無常であるもろもろの自他分離的自己形成力によって形成された自他分離的な自己は無常である、ということになります。「諸行苦」とは、もろもろの自他分離的自己形成力は思い通りにならない、ということです。そうであれば、思い通りにならないもろもろの自他分離的自己形成力によって形成された自他分離的な自己は思い通りにならない、ということになります。「諸行非我」とは、もろもろの自他分離的自己形成力は我ではない、ということです。そうであれば、我ではないもろもろの自他分離的自己形成力によって形成された自他分離的な自己は我ではない、ということになります。

サンカーラは、わたしたちが何の違和感もなく抱いている「わたし」という自己、じつは自他分離的な自己を形成する力であり、自己の根源ともいうべきものであって、「我である」と最も錯覚されやすいものです。ふだんは意識されることもなく姿を隠しています。それ自体は見ることも知ることもできません。まさしくインド一般にいわれるアートマン（我、パーリ語ではアッタン）に相当するものです。それにもかかわらず、実体としてのアートマンではなく、実体ではないある種の力として想定できたところに、ゴータマ・ブッダのとてつもなく卓越した洞察力を見ることができます。それらの力（サンカーラ）は実体ではないので、無常であり、思い通りにならず、我ではない、といえるのです。

さらに、そのサンカーラが無常であり、思い通りにならず、我ではないと説くことによって、わたしたちが実体的な「わたし」と思っている自他分離的な自己も無常であり、思い通りにならず、我ではないことを明らかにし、自他分離的な自己が「我である」とする思いこみを説得力をもって正そうとしたのではないかとも思います。

諸行無常・諸行苦・諸行非我に関連して、次のような詩句があります。

すべてのサンカーラは無常である（一切行無常）、と智慧をもって見るとき、人は苦しみを厭う。これが清浄への道である

（『ダンマパダ』二七七、『テーラガーター』六七六）

すべてのサンカーラは思い通りにならない（一切行苦）、と智慧をもって見るとき、人は苦しみを厭う。これが清浄への道である

（『ダンマパダ』二七八、『テーラガーター』六七七）

すべてのダンマは非我である（一切法非我）、と智慧をもって見るとき、人は苦しみを厭う。これが清浄への道である

（『ダンマパダ』二七九、『テーラガーター』六七八）

ゴータマ・ブッダが初めて教えを説いたときに最初に理解したといわれるアンニャー・コンダンニャが語ったことばとされています。第三詩句の「ダンマ（法）」はもともと「サンカーラ（行）」ではなかったかと推定します。その方が三詩ともにサンカーラ（一切

行）で統一されて自然に見えます。仮に「ダンマ」であったとしても、文脈的には「すべてのダンマ」は色・受・想・行・識の五蘊を指しており、けっきょくは五蘊の非我を説いているものと思われます。本来は「すべてのサンカーラ（一切行）」でよかったはずが、何らかの理由で「五蘊（一切法）」に変更されてしまったのでしょう。

『般若心経』では色が五蘊を代表して、色即是空空即是色と説かれます。受・想・行・識は以下同文のように省略されています。本来であれば、受即是空空即是受、想即是空空即是想、行即是空空即是行、識即是空空即是識も同様に説かれるべきでしょう。同じように色が五蘊を代表するのであれば、色無常・色苦・色非我となるべきですが、ここでは、一切行無常・一切行苦・一切法（行？）非我となっています。五蘊の代表というより、サンカーラの無常・苦・非我が特別に重要であったからではないかと推察します。

また、仏教の教えの指標（目印）とされる四法印は「諸行無常」「諸行苦（一切皆苦）」「諸法非我（無我）」「涅槃寂静」です。三番目の「諸法」は「ダンマ」です。この場合も同様に、諸法（ダンマ）は諸行（サンカーラ）であったと推定します。これによっても、諸行非我が本来であって、サンカーラがどれほど重要であったかが示されていると思います。ちなみに、三法印は「諸行無常」「諸法非我（無我）」「涅槃寂静」です。

なぜサンカーラが一部ダンマになったと推定できるのでしょうか。これは非我の教えが無我の教えへと変化していったことと関係があるのではないかと思っています。ゴータマ・ブッダは色・受・想・行・識の五蘊は「我ではない」として、人々を実体化された「わたし」に対するこだわりから離れさせようとしました。一方、「我は有るか、我は無いか」という問いには何も答えないという姿勢で一貫しています。「我はある」とはいっていません。「我はない」ともいっていません。ゴータマ・ブッダが身近にいたときには、この微妙でわかりづらい問題に対して、面と向かって質問をぶつけ解決にいたるヒントをもらえる機会がありました（本章第二節（２）を参照）。ところが、ゴータマ・ブッダと直接会えなくなると、人々のあいだに困惑が拡がりました。色・受・想・行・識の五蘊が我ではないとすると、我と呼べるものは何もなくなります。ゴータマ・ブッダとは違って、「我は有るのか、それとも無いのか」という問いに対する答えを得ることが最大の関心事であった人々は多くいました。おそらく、こちらの方が多数であったと推測します。ゴータマ・ブッダの非我の教えが伝わりきれなくなるのは時間の問題でした。色・受・想・行・識の五蘊は「我ではない」という教えに共感できず、我と呼べるものがない状況に耐えきれなくなった人々は、ついにゴータマ・ブッダが「我はある」といわなかったことを根拠に、「我はない」と考えざるを得なくなっていったと思われます。色・受・想・行・識の五蘊にも「我はない」ということになり、五蘊無我が説かれるようになります。それぞれは、色無我、受無我、想無我、諸行無我、識無我です。諸行非我が諸行無我になりました。諸行無常・諸行苦・諸行無我です。この諸行無我の諸行が諸法となり、諸行非我から諸行無我、さらに諸行無我から諸法無我へと変わっていったと思われます。ここの諸法とはやはり色・受・想・行・識の五蘊を指します。非我の教えにおいては諸行の非我が最も重要でしたが、無我の教えにおいては諸行の重要性が薄れ、色・受・想・行・識が均等に位置づけられて、五蘊全体を表わす諸法の無我がゴータマ・ブッダによって説かれたと合意されるようになったのではないかと思います。

（2）色と識

サンカーラは自他分離的な自己を形成する力であり、自他分離的な自己の根源としての「我」と錯覚させる第一の候補です。それでは、サンカーラによって形成された自他分離的な自己とは何を指すのでしょうか。十二因縁では、認識論的な観点から実存苦が生じる過程を明らかにしているので、「自他分離的自己形成力（行）を縁として意識（識）が生じる」としか言及されていません。自他分離的な自己とは意識（識）だけが該当しているように見えます。実際には、自他分離的な自己は、身体としての色と意識としての識から構成されていると考えるのが妥当でしょう。ゴータマ・ブッダは、サンカーラに次いで身体（色、からだ）と意識（識、こころ）が実体としての「我である」と勘違いされやすい候補であると考えたのだと思います。次のようなことばもあります。

凡夫は〔地・水・火・風の〕四要素で構成される身体を厭い染まらず解脱することができる。身体における〔四要素の〕集合と離散を見るからである。しかし、心とも意とも識とも呼ばれるものを厭い染まらず解脱することはできない。「これはわたしのものである」「わたしはこれである」「これはわたしの我である」という執らわれがあるからである。〔地・水・火・風の〕四要素で構成される身体を我と捉える方が、心〔を我と捉える〕よりもまだましである。身体は百年以上も〔変化せず〕存続する〔から我と勘違いしてもしかたがない〕。しかし、心とも意とも識とも呼ばれるものは夜にも昼にも〔瞬時に〕変化しては生じ、また滅する〔から我と勘違いしようがないではないか〕。（要約）

（『サンユッタ・ニカーヤ』二・九四―九五ページ）

色はもともと「物質、色・形」という意味で、視覚の対象になるものです。直訳すれば「身体」とはなりませんが、視覚の対象で我と錯覚させるものといえば、身体しかありません。

識についてては、『マッジマ・ニカーヤ』第三八経に現われる出家修行僧サーティの見解にまつわる説法が参考になると思います。サーティは、「ゴータマ・ブッダは、識は流転し、輪廻し、変化しないものである、と説いている」と思いこんでいたそうです。他の出家修行僧たちに「ゴータマ・ブッダはそのようなことは説いていない」と諭されても、自分の主張を改めようとしませんでした。ゴータマ・ブッダが直接にたずねても、同じ考えを述べます。ゴータマ・ブッダは重ねて問います。「それでは、その識とは何か」。サーティは答えます。「それは語るものであり、受けるものであり、そこここで〔行なった〕善悪の行為の報果を受け取るものです」。

ゴータマ・ブッダはサーティの見解を正したうえで、識とは眼・耳・鼻・舌・身・意という器官とその対象によって生起する眼識・耳識・鼻識・舌識・身識・意識であると説きます。わたしたちが想定する五感と意識とほぼ同じであると思われます。ほとんど、わたしたちがこころと呼んでいるものです。こころ（意識）でしかない識を、善悪の行為の報果を受け取る輪廻の主体すなわち我とみなしてはいけない、という教示を徹底して浸透させるために、識無常・識苦・識非我、とくに「識は非我である」と説く必要があったのではないかと考えます。

（3）受と想

以上のように、行は自他分離的自己形成力、識はこころ（意識）、色はからだ（身体）であると解釈できます。これらは我として輪廻の主体、ないし自己の本源とみなされることが多く、それを否定するため、ないしそれに対するこだわりに気づかせ解放させるために非我の教えが説かれたと思われます。筆者はこれら三蘊で大枠としては充分だと考えます。受と想はこころの機能の一部と思われるからです。現代であれば、こころの機能の一部として理性や意志や感情は非我であると説かれたかもしれません。からだでいえば、からだの機能の一部としてＤＮＡや自律神経や免疫系や循環器系や消化器系は非我であると説かれたかもしれません。ともあれ、受と想は「非我である」と説かれています。それなりの理由があったと考えるべきでしょう。

原始仏教経典に描かれる瞑想のなかで、想受滅という究極の段階があります。ほとんど死んだ状態であるとされますが、そこまで残っているのが想と受であって、想と受がなくなった段階が想受滅と呼ばれています。最後まで残る想とは、かすかな想い（知覚）でしょうか。最後まで残る受とはかすかな感じ（感覚）でしょうか。ちなみに、思考や意志や感情は早めになくなっています。とりあえず、受は感じ（感覚）、想は想い（知覚）と解釈しておきます。

あるいはインド一般に、感覚や知覚はわたしたちが通常考えるような、自然に入ってくる外部の情報を受動的に受け取るものではなく、それぞれの器官が外部の情報を能動的につかみ取りにいって得るものであるとされているので、わたしたちが想像するよりずっと主体的で、本体そのものであるかのように考えられてもおかしくなかったのかもしれません。

(4) 行とは何か

色はからだ(身体)、受は感じ(感覚)、想は想い(知覚)、行は自他分離的自己形成力、識はこころ(意識)ということになりました。これらのものを我とみなしてはいけない、これらのものを我であると錯覚するから、その思いこみによって実存苦につながるようなさまざまな不都合が生じてくる、これらは「我ではない」としっかり確認しなさい、というのが非我の教えといえます。

行について、もう少し具体的に考えてみたいと思います。これまで、通過儀礼やことばなどのはたらきをもって自他分離的自己形成力としてきました。ここでは、自他分離的自己形成力によって形成された自他分離的な自己がどのようにして実体として錯覚されながら定着していくのかを見ていきましょう。

わたしたちは、「わたしは見る」「わたしは話す」「わたしは考える」などなど、一瞬一瞬、からだとこころを使って、ことばとしてのわたしを主語とする行為をしています。人生はこれらの行為の絶え間のない連続です。途絶えることのない水の流れのようです。おびただしい行為の積み重ねのなかから、おのずと行為の主体として「見るわたし」「話すわたし」「考えるわたし」が気がつかないままに想定されてきます。それらはどうも同じものらしい、ずっと継続しているものらしい、と無意識のうちに思いこむようになり、現在の「わたし」、現世の「わたし」が実体として存在しているかのように思われてきます。「わたし」は時間的に前後に拡がり、百年前の「わたし」や前世の「わたし」が存在したかのように、また百年後の「わたし」や来世の「わたし」が存在するであろうかのように思い浮かびます。このようにして、「わたし」ということばをともなう行為によって形成された自他分離的な自己こそがわたしの本体、すなわち我であるという錯誤があたりまえのように生じ、日々定着していくのです。

そういう意味では、想受滅にいたってようやくなくなるとされる、かすかな感じ（受、感覚）であっても、かすかな想い（想、知覚）であっても、感じる「わたし」や想う「わたし」は最後まで残っていると考えられるので、最後まで残る受や想が自己の根源としての我の候補として想定されたのかもしれません。

自他分離的自己形成力（行）の正体は「わたし」ということばをともなう行為です。「わたし」のからだ（身体、色）をもつ、「わたし」のこころ（意識、識）が、「わたし」のことばで見たり、話したり、考えたり（行為、行）しています。感じたり（感覚、受）、想ったり（知覚、想）しています。これがわたしたちの日常で一瞬一瞬起こっていることです。ことばによって分離性と永遠性を付与され、一瞬一瞬の行為の積み重ねによる習慣性をあわせもった「わたし」は、「わたし」が変わることなく永遠に他と関係なくそれだけで存在しているかのような錯覚を気づかないうちに抱いてしまうのです。ゴータマ・ブッダは、知らないうちに進行するこれらの実体化がわたしたちに実存苦をもたらす根源的な要因であることを気づかせるために、色・受・想・行・識はそれぞれ「我ではない」すなわち「非我である」と説いたのだと思います。

ゴータマ・ブッダがサンカーラ（行）に託した意味内容を含めて表現すると、行とは、自他分離的な自己を形成する力、すなわち「わたし」ということばをともなう行為です。その後サンカーラは、「自他分離的な自己を形成する力」という意図されたメッセージ内容から「自他分離的な自己」という側面が見失われて、「形成力、潜勢力」あるいは「作られたもの」などの意味で解釈されるようになります。「「わたし」ということばをともなう行為」という意図されたメッセージ内容から「「わたし」ということばをともなう」という側面が見失われて、「行為」だけが残され、「作る、する」という意味の語根を同じくするカンマ（業、行為、カルマ）と同化してしまいます。さらに、五蘊とは「人間の身（色）心（受・想・行・識）」であると解釈されるようになり、とりわけ行（サンカーラ）が「受・想・識以外のすべてのこころの作用」とされるようになった時点で、サンカーラがもっていた本来の意味は完全に見失われてしまったと思われます。唯識思想で現われるマナ識やアーラヤ識にサンカーラ的な発想がうかがわれますが、関連性については現時点では不明です。

「色・受・想・行・識とは何か」という問いには、色はからだ（身体）、受は感じ（感覚）、想は想い（知覚）、行は行ない（行為）、識はこころ（意識）、と答えることができるでしょう。ただし、それぞれが勘違いされやすいけれど、勘違いしてはいけない「我」の候補として提示されていることをこころに留めておかなければなりません。単なる身心の要素ではないのです。また、サンカーラとは自他分離的な自己を形成する力、すなわち「わたし」ということばをともなう行為である、ということをつねに想起していなければなりません。単なる形成力でも、単なる行為でもない、ゴータマ・ブッダの思想の核心とでもいうべき洞察の深みが付託されていることばであると考えます。

第四章　四諦その先へ

一　聖なるものの探究

『マッジマ・ニカーヤ』第二六経に「聖なるものの探究（聖求経《しょうぐきょう》）」という経典があります。ゴータマ・ブッダが修行僧たちに自分自身の「聖なるものの探究」について語ったものであり、いわゆる「仏伝」の一部を構成する資料として重要な経典です。少し遠回りに見えるかもしれませんが、この経典を一つのヒントにして、四諦について考えたいと思います。「梵天勧請」や「初転法輪」の場面にも考察を加えながら、筆者の問題関心にそって概略をたどっていくことにします。

ゴータマ・ブッダ自身の回想から見ていきましょう。

修行僧たちよ。じつにわたしはさとりを得る以前に、まださとりを得ていないボサツ（大乗仏教の菩薩とは異なる意味で用いられています。原始仏教ではさとりを得る以前のゴータマ・ブッダあるいは前生物語において修行中のゴータマ・ブッダ個人を指します）のままであったとき、みずから生まれるものでありながら生まれるものだけを求め、みずから老いるものでありながら老いるものだけを求め、みずから病めるものでありながら病めるものだけを求め、みずから死ぬものでありながら死ぬものだけを求め、みずから憂えるものでありながら憂えるものだけを求め、みずから汚れるものでありながら汚れるものだけを求めていた。

そのとき、わたしは次のように思った。

いったいどうして、わたしはみずから生まれるものでありながら生まれるものだけを求め、みずから老いるものでありながら老いるものだけを求め、みずから病めるものでありながら病めるものだけを求め、みずから死ぬものでありながら死ぬものだけを求め、みずから憂えるものでありながら憂えるものだけを求め、みずから汚れるものでありながら汚れるものだけを求めるのであろうか。

さあ、わたしはむしろ、みずからは生まれるものであるけれども生まれることに患いを知り、生まれることのない無上の安穏であるニッバーナ（涅槃）を求めよう。みずからは老いるものであるけれども老いることに患いを知り、老いることのない無上の安穏であるニッバーナを求めよう。みずからは病めるものであるけれども病めることに患いを知り、病めることのない無上の安穏であるニッバーナを求めよう。みずからは死ぬものであるけれども死ぬことに患いを知り、死ぬことのない無上の安穏であるニッバーナを求めよう。みずからは憂えるものであるけれども憂えることに患いを知り、憂えることのない無上の安穏であるニッバーナを求めよう。みずからは汚れるものであるけれども汚れることに患いを知り、汚れることのない無上の安穏であるニッバーナを求めよう、と。

経典に記述されている註釈的な説明を加味して要約すると、「わたしはみずから生まれ、老い、病み、死に、憂え、汚れるものでありながら、生まれ、老い、病み、死に、憂え、汚れるもの、すなわち、子や妻、男女の奴隷、山羊や羊、鶏や豚、象や牛や馬、金や銀だけを求めていた。これは「聖ならざるものの探究」である。それらは生きる依り所であり、ここに縛られ、夢中になり、没頭して求めていた。しかし、あるとき、こう思った。わたしはみずから生まれ、老い、病み、死に、憂え、汚れるものであるけれども、生まれ、老い、病み、死に、憂え、汚れるものに患いを知り、生まれ、老い、病み、死に、憂え、汚れることのない無上の安穏であるニッバーナ（涅槃）を求めよう、と。これが「聖なるものの探究」である」となります。

筆者としての解釈を加えると、「若いころは自分が何ものであるのかも知らず、作られた自分の価値観に何の疑問ももたず、もちろん自分を振りかえることもなく、ただ自他分離され孤立しているかのように形成された自己を中心にすえて、わきおこってくる欲求のおもむくままに、それが自然かつあたりまえで、ありのままのように感じながら、妻子、奴隷、家畜、金銀などの世俗的な物質欲を満たしていた。しかし、あるとき、そのような人生に根底から疑問が生じ、これまで通りの生き方をすることに嫌気がさし、むしろ嫌悪さえも感じて、そうではない人生に向けて、「聖なるものの探究」を始めようと決意した」となります。

「聖なるものの探究」とはいっても、最初からニッバーナ（涅槃）が明確にイメージできていたとは思われません。結果からたどるとその通りですが、おそらく後付けでしょう。そうではない人生がどのような人生であるのか、また何を目指そうとしていたのかは、ゴータマ・ブッダ自身でさえもこの時点では分からなかったのではないでしょうか。それでも、少なくとも現状を打開したいという強い思いがあったことは確かです。これはいわゆる生老病死とは異なる苦しみです。輪廻の苦しみでもありません。実存苦という表現が最も近いのではないかと思われます。いずれにしても、四諦のなかの第一の真実である苦しみだけが明らかになっている段階です。「これは苦しみである」という真実としておきます。その原因も、原因を解決して苦しみから解放される方法も、苦しみから解放された境涯も、何もかもが闇の中であったと思われます。

ゴータマ・ブッダは出家します。「母と父は望まず、顔に涙を浮かべて泣いているにもかかわらず」。ゴータマ・ブッダは探究の手がかりを瞑想の師に求めました。アーラーラ・カーラーマとウッダカ・ラーマプッタという著名な瞑想の師を順次たずね、それぞれが教える「何もないという境地」（無所有処）と「想いがあるのでもなく、ないのでもないという境地」（非想非非想処）を師と同等のレヴェルで感得したとされます。それにもかかわらず、ゴータマ・ブッダは瞑想の師のもとを去ります。「この教えは厭離に導かず、離欲に導かず、消滅に導かず、寂滅に導かず、証知に導かず、正しい目覚めに導かず、ニッバーナに導かない。「何もないという境地」ないし「想いがあるのでもなく、ないのでもないという境地」に達するのみである」というのが理由です。

これも後付けの理由でしょう。単純に、「これらの教えによっては聖なるものは得られない」と判断したのではないかと思います。それは当然です。ゴータマ・ブッダは瞑想の先生や瞑想の達人になるために出家したのではないのですから。

ゴータマ・ブッダは、「世界は永遠であるか、永遠でないか」などの形而上学的な問いに対して沈黙を守り、答えませんでした。答えない理由が上記の理由と同じなのです。これは後付けではないかもしれません。大切なのは、ゴータマ・ブッダが沈黙せずに説いた教えです。それは、苦しみと苦しみの生起（原因）と苦しみの消滅と苦しみの消滅に導く方法（道）でした。そこで、瞑想の師のもとを去った理由＝形而上学的な問いに答えない理由を苦しみとの関連で解釈し直すと、次のようになるでしょう。「それは、〔苦しみをもたらす自他分離的な認識を中心にすえる生き方を〕厭い離れることに導かず、〔苦しみをもたらす自他分離的な認識という〕色づけを薄めることに導かず、〔苦しみを〕滅することに導かず、〔苦しみをもたらす自他分離的な自己を形成する力を〕静めること（ウパサマ）に導かず、〔安らぎをもたらす自他融合的な認識という〕証知に導かず、〔安らぎをもたらす自他融合的な認識による〕正しい目覚めに導かず、〔安らぎである〕ニッバーナ（涅槃）に導かないからである」。

ゴータマ・ブッダは探究の旅をつづけ、ウルヴェーラーのセーナー村にいたります。よく知られた仏伝では、その前に苦行の場面があるはずです。ところが、この経典にはありません。ということは、スジャーターの出番もありません。五人の苦行仲間が去っていくこともありません（後の初転法輪の場面には登場してきます）。

「努力するのにふさわしい場所」で、ゴータマ・ブッダは静かにすわります。クライマックスともいうべき瞬間がその訪れを待っています。

修行僧たちよ。わたしはみずからは生まれるものであるけれども生まれることに患いを知り、生まれることのない無上の安穏であるニッバーナを求め、生まれることのない無上の安穏であるニッバーナを得た。みずからは老いるものであるけれども老いることに患いを知り、老いることのない無上の安穏であるニッバーナを求め、老いることのない無上の安穏であるニッバーナを得た。みずからは病めるものであるけれども病めることに患いを知り、病めることのない無上の安穏であるニッバーナを求め、病めることのない無上の安穏であるニッバーナを得た。みずからは死ぬものであるけれども死ぬことに患いを知り、死ぬことのない無上の安穏であるニッバーナを求め、死ぬことのない無上の安穏であるニッバーナを得た。みずからは憂えるものであるけれども憂えることに患いを知り、憂えることのない無上の安穏であるニッバーナを求め、憂えることのない無上の安穏であるニッバーナを得た。みずからは汚れるものであるけれども汚れることに患いを知り、汚れることのない無上の安穏であるニッバーナを求め、汚れることのない無上の安穏であるニッバーナを得た。そしてまた、わたしに知見が生まれた。「わたしの解脱は不動である。これが最後の生まれである。もはや再生することはない」と。

これだけです。十二因縁も感興のことばもありません。「生まれ、老い、病み、死に、憂え、汚れることのない無上の安穏であるニッバーナを得」て、聖なるものの探究が成就したことは分かりました。しかし、その詳しい内容はよく分かりません。

二　梵天勧請

ゴータマ・ブッダは次のように思ったとされます。

わたしが感得したこの真理はじつに深遠で、見がたく、理解しがたく、静寂で、すぐれていて、思考の領域ではなく、微妙で、賢者によって知られるべきものである。しかし、人々はアーラヤを好み、アーラヤを楽しみ、アーラヤを喜んでいる。アーラヤを好み、アーラヤを楽しみ、アーラヤを喜んでいる人々には、いわゆる此縁性と縁起ということの道理は見がたい。また、あらゆる自他分離的自己形成力が静まること、あらゆるしがらみが消え失せること、渇愛が消滅すること、〔自他分離的な認識という〕色づけが薄まること、〔苦しみが〕滅すること、ニッバーナ（涅槃）というこの道理もまた見がたい。しかも、わたしが教えを説いたとしても、他の者たちがわたしのことをよく理解しなければ、わたしは疲れるし、失望するであろう。

ここに描かれている真理ないし道理が聖なるものの内実のようです（縁起や自他分離的自己形成力については第一章「十二因縁その先へ」を参照してください）。瞑想の師のもとを去った理由＝形而上学的な問いに答えない理由と重なるものもあります。さらに、ゴータマ・ブッダは、「わたしが苦労して得たものを、いま説く必要はない。貪りや怒りに負かされた人々には、この真理はよく理解しがたい。〔世間の〕流れに逆らい行き、微妙で、深遠で、見がたく、微細である〔この真理を〕、貪欲に染まり、暗黒に覆われた人々は、見ない」と精察して、「意欲をなくし、教えを説こうとは思わなくなった」とされます。

そのとき、世界の主であるブラフマー神（梵天）は、「これでは世界は滅びてしまう。世界は破滅してしまう。目覚めた者である如来が意欲をなくし、教えを説こうとは思わなくなったのだから」と心配して、ゴータマ・ブッダの前に姿を現わし、合掌して頼みます。「世尊は教えを説いてください。生まれつき汚れの少ない人々はいます。〔かれらは〕教えを理解できるでしょう」と。さらに懇願します。「不死の門を開いてください。教えを説いてください。理解する者たちは〔きっと〕現われます」と。

当時、最高神として崇められていたブラフマー神が現われて、当時、ただの沙門（非バラモン系の修行者）であったゴータマ・ブッダに教えを説いてくださいと懇願しています。権威としての立場こそ逆転していますが、それでも敬意をもって、ブラフマー神が登場しやすいように、ゴータマ・ブッダが教えを説くのをためらう状況を設定したのではないかとも考えられます。最高神ですから、めったなことでは登場してもらえないでしょう。世界の破滅を救うべく、逡巡するゴータマ・ブッダの前に現われて、翻意をうながすという構図には、ブラフマー神の権威を損なうことなく、仏教側に取りこもうとする巧みな戦略がうかがわれます。

教えを説いても誰も理解してくれず、けっきょく徒労に終わるのではないか、と考えて逡巡していたゴータマ・ブッダでしたが、ブラフマー神の懇願を聞いてこころを動かされ、「目覚めた者の眼をもって」世の中をながめて人々を観察します。そうすると、「〔さまざまな者がいるなかで、〕汚れの少ない者や鋭敏な者がいる」のが見えました（ブラフマー神に促されるまでもなく見えてほしかったと思いますが）。それでようやくこころが定まり、教えを説こうという決意をかためます。

この経典ではブラフマー神の懇願をすんなり受けいれていますが、別の経典では、ゴータマ・ブッダはブラフマー神の懇願を二度にわたって拒んでいます。「わたしが感得したこの真理はじつに深遠で、見がたく、理解しがたく……教えを説こうとは思わなくなった」と、同じことばがくり返されます。ブラフマー神が三度目に懇願したときに、ようやく教えを説く方向にかたむくのです。こちらの方がブラフマー神の本気度が強調されて、意図的に創られた話にしても、よくできていると思います。ドラマティックでもあります。ブラフマー神であっても翻意できないのか、それとも……と想像がふくらみます。もったいぶっているような印象は受けません。むしろ、それほどまでいうのなら、という絶妙な状況が設定されているようです。ちなみに、「三度」というのは、インド一般に、「本気」「真実」を確認できる回数とされています。

ゴータマ・ブッダはブラフマー神に詩句で答えます。

耳ある者たちに不死の門は開かれた。
信頼を寄せなさい。

ブラフマー神の「不死の門を開いてください」という呼びかけに呼応するかのように、

「不死の門は開かれた」と応えています。「聖なるものの探究」において、不死とは「死ぬことのない無上の安穏であるニッバーナ」を指すと思われます。

「信頼を寄せなさい」と訳した部分について、かつて学界のなかで、「信仰を捨てなさい」と訳すべきであるという意見もあり、議論がなされました。双方の主張とも充分な文献学的ないし言語学的な根拠があり、あるいは双方の主張とも決定的な根拠がなく、どちらとも決めがたいというのが、当時の筆者の判断でした。

とはいえ、文脈から考えると、「信仰を捨てなさい」という場合、「これまでにあなたたちがもっていた誤った信仰を捨てて、この正しいわたしこそを信仰しなさい」というような高所に立った排他的なニュアンスになるような気がして、原始仏教経典全体から感じられるゴータマ・ブッダの雰囲気とは異なるように思われたものでした。一方、「信頼を寄せなさい」という場合、「わたしを信頼し、わたしと同じ道を歩んで、わたしと同じブッダになろう」というような同等の意識のニュアンスが感じられ、こちらの方が経典全体の雰囲気と合致するように思っていました。

最近になって、ここで「信頼」「信仰」と訳されている原語サッダー（サンスクリット語はシュラッダー）について、仏教よりも古いヴェーダ文献において、「真実とみなす」「真実であることを信頼する」ことを原点とすることばであったことが指摘されています。また原始仏教経典においても、「ゴータマ・ブッダの目覚め、ないしゴータマ・ブッダが説いたことが真実であることを信頼する」という意味で用いられていることが指摘されています。これらの指摘は、上記の二つの解釈のうち、「信頼を寄せなさい」と解釈する方を強く支持する根拠になると考えます。

ブラフマー神は、「わたしがゴータマ・ブッダが教えを説く機会をつくった」と満足してゴータマ・ブッダを礼拝し、右まわりの礼をして退場していきます。

三　初転法輪

ブラフマー神の懇願を受けいれて、ゴータマ・ブッダは教えを説くことを決心します。問題は誰に最初に説くべきかということです。瞑想の師であったアーラーラ・カーラーマが候補として浮かびますが、かれは七日前に亡くなっていました。ウッダカ・ラーマプッタは昨夜に亡くなっていました。両師がすでに亡くなっていたというのはドラマ仕立ての演出のようですが、いずれにしても舞台が整い、いよいよ本命である苦行をともにした五人の修行僧たちが登場します。

五人の修行僧たちがバーラーナシー（ベナレス）のイシパタナの鹿の園にいるのが分か

ったので、ゴータマ・ブッダはウルヴェーラーからバーラーナシーへと向かいます。その途中でアージーヴィカ教の修行者ウパカと出会いました。アージーヴィカ教とは、ゴータマ・ブッダと同時代の自由思想家マッカリ・ゴーサーラを開祖とする宗教で、紀元前三世紀のアショーカ王の時代まで、仏教やジャイナ教とならんで大きな勢力をもっていたようです。

ゴータマ・ブッダはウパカに呼びとめられて会話を交わします。そのなかでゴータマ・ブッダは、「わたしは真理の輪を回すためにカーシー（ベナレス）の町に行く。闇となった世界で不死の太鼓を打ち鳴らそう」と決意を述べています。「不死」ということばがくり返されていることに注目しておきましょう。不死とは「死ぬことのない無上の安穏であるニッバーナ」を指すと思われます。

ウパカがゴータマ・ブッダの威光にうたれ、教えを受けて、アージーヴィカ教から仏教に改宗して、ゴータマ・ブッダの初めての弟子になる、という感動的な筋書きがあってしかるべきだと思いますが、ウパカは何の影響も受けなかったかのように去っていきます。このような出来事がなぜ経典に残されているのでしょうか。削除してもよかったようにも思われます。ここに挿入される必然性があるとも思えません。ブラフマー神の場面からそのままバーラーナシーの場面に移っても何の問題もなかったはずです。なぜわざわざ残されたのでしょうか。筆者は、この出来事は本当にあったことで、ゴータマ・ブッダも日頃から周囲に語っていたので、あまり極端な改変もできないままに、このように記述して残さざるを得なかったのではないか、と推測します。

さて、五人の修行僧たちは遠くからやってくるゴータマ・ブッダを見ました。見て、たがいに確認しました。「ゴータマは贅沢で、努力を捨て、奢侈におちいった。かれを礼拝してはならない。立ちあがって迎えてはならない。かれの衣鉢を受け取ってはならない」と。

五人の修行僧たちはゴータマ・ブッダと別れてからも苦行を続けていたと思われます。苦行は肉体を過度に痛めつける過酷な行為そのものが目的ではありません。肉体を痛めつければ痛めつけるほど、反比例的に精神が清められるという二元論的な考えが背景にあります。最終的には、精神を清めることによって輪廻からの解脱が目指されていました。ゴータマ・ブッダは、苦行は瞑想と同じようにみずからの目的にかなわないと考えて、苦行をやめたとされています。「贅沢で、努力を捨て、奢侈におちいった」とは大げさですが、「苦行をやめた」という意味です。

ゴータマ・ブッダが近づくにつれて、五人の修行僧たちは自分たちの確認を守れなくなりました。迎えて衣鉢を受け取り、座を設け足を洗う水を用意したそうです。友よ、ゴータマよ、と呼びかけもしました。二度と会うこともないと思っていたゴータマ・ブッダに再会して、五人の修行僧たちはかつていっしょに苦行に励んでいたときと同じような接し方をしているように感じられます。ゴータマ・ブッダは五人の修行僧たちに次のように語りかけました。

耳を傾けなさい。不死が得られた。わたしは説こう。わたしは教えを示そう。教えられた通りに行なえば、ほどなくして、良家の子息たちがそのために正しく在家から家なき状態へと出家した、その目的である無上の清らかな修行の完成を、現世においてみずからよく知り、感得し、成就するであろう。

このようにいわれて、五人の修行僧たちは反発します。「友、ゴータマよ。あなたはあの〔苦行の〕姿勢やあの〔苦行の〕実践やあの難行によって、人間というものを超えた聖なるものにふさわしい、すぐれた知見に到達しませんでした。いま贅沢で、努力を捨て、奢侈におちいっているあなたが、どうして人間というものを超えた聖なるものにふさわしい、すぐれた知見に到達できるでしょうか」と。

昔のよしみで思わず迎えてしまったものの、長年にわたっていっしょに行なってきた苦行をあきらめたゴータマ・ブッダに対するわだかまりは簡単に払拭されるものではなかったようです。みずから離れていったゴータマ・ブッダが突然現われて、「不死が得られた」といわれても、そのまま受けいれることなどとうていできません。五人の修行僧たちにも自負や誇りというものがあったことでしょう。かれらの苦行の目的は、「人間というものを超えた聖なるものにふさわしい、すぐれた知見」を得ることだったようです。これとゴータマ・ブッダのいう「不死」「清らかな修行の完成」とがどのような関係にあるのかははっきりしません。「苦行を放棄し、贅沢になったあなたは信用できない」と、思いもかけず非難されたゴータマ・ブッダでしたが、ここで引きさがるわけにはいきません。けっして聖なるものの探求をあきらめたのではないことを訴えます。

「わたしは贅沢になったのではない。努力を捨てたのではない。奢侈におちいってもいない」と。そして、くり返します。「耳を傾けなさい。不死が得られた。わたしは説こう。わたしは教えを示そう。教えられた通りに行なえば、ほどなくして、良家の子息たちがそのために正しく在家から家なき状態へと出家した、その目的である無上の清らかな修行の完成を、現世においてみずからよく知り、感得し、成就するであろう」と。

二度、三度と問答がくり返されます。インド一般に、「三度」という回数は「本気」「真実」を意味する、ということは以前にも述べたとおりです。自分自身が人間を超えた聖なるすぐれた知見に到達したことを確信し、不死に目覚めたことを五人の修行僧たちに伝えようとするゴータマ・ブッダの本気と、苦行によってともに目指した聖なるすぐれた知見の探求を途中で放棄したかつての苦行仲間、ゴータマ・ブッダのいうことなどけっして聞かないぞ、という五人の修行僧たちの本気とがたがいにぶつかりあって、どうにもならない状況になっていたと思われます。このような場合、本気度にまさった方が優勢になるのでしょうか。

ゴータマ・ブッダは当初、自分が目覚めた真理は誰も理解できないであろうから説法はしないでおこう、という選択をしようとしていました。それがブラフマー神の懇願によってようやく説法を決意したのですから、その経緯を考えると、説法についての本気度はいくぶん弱いのではないかと推測されます。ましてや五人の修行僧たちはまったく聞く耳をもたないような態度なのですから、やはり理解させるのは無理なのではないかと判断して、どうしても理解させたい、といった強い動機づけには結びつかないような気もします。ブラフマー神の登場が、その意図は何であれ、ゴータマ・ブッダの立場を少し低めているかもしれません。この場面では、ブラフマー神が登場しなかった方がより本気度が増し、ブラフマー神が登場した方が逆に本気度を損なっているような気がします。ブラフマー神が登場するためには、その条件として、ゴータマ・ブッダが多少とも説法を逡巡するという舞台設定が必要です。そのことがかえってゴータマ・ブッダの本気度についての印象を弱くしているように思うのです。

一方、五人の修行僧たちの方は、ゴータマ・ブッダが苦行を放棄してからも苦行を続けていたわけですから、この方法に対する自負ないしこだわりは相当に強いものがあったと思われます。それを放棄した者の語ることをすなおに聞くとは思われません。苦行以外の方法によって、人間を超えた聖なるすぐれた知見に到達したのであれば、自分たちの存在の根拠の根底が覆りかねないからです。真実に耳を傾けるだけの純粋さないし柔軟さがあれば別ですが、仮にそうであったとしても、まずはきわめて強い拒否反応を示すのが当然ではないでしょうか。こちらの方が説法を拒否することへの本気度は強いように思われます。

しかし、結果は次のようになります。

「修行僧たちよ。以前にわたしがあなたたちに、このようなことを語ったのを覚えているか」。「尊い方よ。覚えていません」。いまここにいる者は自分たちが以前に知っていたゴータマではないと感じさせ、経緯はともかく、話だけは聞いてみようと思わせることはできたようです。話は短時間で終わったわけではありません。ゴータマ・ブッダが二人に教えているときに他の三人は托鉢に行き、三人が托鉢で得たものによって六人が生活し、ゴータマ・ブッダが三人に教えているときに他の二人が托鉢に行き、二人が托鉢で得たものによって六人が生活した、とされているからです。かなりの時間をかけて、教えを説いたことが分かります。いいかえれば、五人が理解するのに相当の時間がかかったものと思われます。托鉢の時間も惜しんで、とでも表現できるでしょうか、六人で托鉢するという選択肢もあったでしょうが、そうはせず、ゴータマ・ブッダだけはずっと教えを説きっぱなしです。

その前に筆者が疑問に思うのは、どのようにして苦行をやめさせたのか、という点です。五人は苦行を続けながら教えを聞いたわけでなく、托鉢をして生活しながら教えを聞いています。托鉢をするということは、苦行を断念したことを意味します。かれらはゴータマ・ブッダが去ったあとも苦行を続けていました。苦行を断念したゴータマ・ブッダを見限り、再会しても容易にうち解けず、つい先ほどまであれほど非難していたかれらが、ゴータマ・ブッダと同じように苦行を断念したのです。苦行という同じ手段をとりながら、ゴータマ・ブッダとは目指す目的が異なっていたと思われるかれらが、よく方向転換できたと思います。よほどのことがあったのでしょう。極端な苦行はよくない、中道がよい、といわれて、はい、そうですか、と納得したというような単純な話ではないと思います。ゴータマ・ブッダの迫力に圧倒されたのではないか、とか、苦行と托鉢という関係がもっと柔軟であったのではないか、とか、さまざまに妄想は起こりますが、実際にはどうだったのでしょうか。托鉢を始めた経緯や誰が托鉢に行ったのか、などについては諸説ありますが、どのようにして苦行を断念させたのかについては何の伝承もありません。ともあれ、初めての教えの輪が転じられたのは確かなようです。

修行僧たちよ。五人の修行僧たちはわたしによって、このように教えられ、このように教示され、みずからは生まれるものであるけれども生まれることに患いを知り、生まれることのない無上の安穏であるニッバーナを求め、生まれることのない無上の安穏であるニッバーナを得た。みずからは老いるものであるけれども老いることに患いを知り、老いることのない無上の安穏であるニッバーナを求め、老いることのない無上の安穏であるニッバーナを得た。みずからは病めるものであるけれども病めることに患いを知り、病めることのない無上の安穏であるニッバーナを求め、病めることのない無上の安穏であるニッバーナを得た。みずからは死ぬものであるけれども死ぬことに患いを知り、死ぬことのない無上の安穏であるニッバーナを求め、死ぬことのない無上の安穏であるニッバーナを得た。みずからは憂えるものであるけれども憂えることに患いを知り、憂えることのない無上の安穏であるニッバーナを求め、憂えることのない無上の安穏であるニッバーナを得た。みずからは汚れるものであるけれども汚れることに患いを知り、汚れることのない無上の安穏であるニッバーナを求め、汚れることのない無上の安穏であるニッバーナを得た。そしてまた、かれらに知見が生まれた。「わたしたちの解脱は不動である。これが最後の生まれである。もはや再生することはない」と。

これだけです。ここはゴータマ・ブッダが初めて教えを説く場面なのですから、少なくとも、このような教えが説かれました、くらいは欲しいところです。ところが「〔五人は〕このように教えられた」という記述しかありません。おなじみの中道も四諦も八正道も何も現われません。結果だけです。それも、ゴータマ・ブッダが聖なる探求を究めたすえに発せられたものとまったく同じ文言が、五人の境地として語られています。五人はゴータマ・ブッダとまったく同じ境地を得た、とされているのです。ゴータマ・ブッダとの差別はありません。五人のなかでも理解度の深浅があり、それなりの濃淡がありそうに思われるのに、そういうこともありません。

わたしたちは生まれてから生きていく過程で、あるとき、他人とは異なる「自分」が存在していることに気がつきます。その「自分」がいずれ老い、病み、死んでいく存在であることも知るようになります。そのとき、多くの人が、生きていることへの根本的な疑問、存在そのものに対する不安、特に死にゆくことへの恐れを感じます。なぜ、そのようなものが生じるのでしょうか。「自分」のなかに、老いず、病まず、死なないはずの実体的な「わたし」が形成されているからではないでしょうか。死なないはずの「わたし」は、みずからが死んでしまうことに耐えられず、受けいれられないのです。形成された「わたし」は、死なない存在にはなりえないにもかかわらず。実際には、「わたし」はわたしたちが意識しないまま、それとは分からないように巧妙に形成されていくので、わたしたちには、なぜそのような疑問や不安や恐れが生じるのかが分かりません。それゆえ、わずかな疑問や不安や恐れであっても、漠然と得体の知れないままに増幅され、人によっては、正体が分からない恐怖に心底おびえてしまいます。

ゴータマ・ブッダはこのような状況におちいった人生を苦しみと捉え、苦しみを解決するために出家して修行を重ねました。そうして、実体的な「わたし」そのものが形成されたものであるということに気がつきました。苦しみの原因である「わたし」を形成する力を瞑想修行により静めることによって苦しみを解決し、ニッバーナ（涅槃）と呼ばれる安らぎを実現しました。それを得て、五人の苦行仲間にも理解させることができました。

これが筆者が考えるゴータマ・ブッダの苦しみと、苦しみを解決して安らぎを得るまでのごく大まかなスケッチです。この経典は「聖なるものの探究」がテーマだからでしょうか、「聖なるものの探究」を決意させた苦しみ、および「聖なるものの探究」の遍歴と苦しみを解決して得られた安らぎである「不死」と「無上の安穏であるニッバーナ」が描かれるだけです。苦しみの原因および苦しみの生起、また苦しみの消滅についてはほとんど描かれません。

「聖なるものの探究」の決意から始まって、目覚め、梵天勧請、ウパカとの出会い、初転法輪へと場面が展開していきます。それぞれの場面でとくに目立つのは「不死」ということです。「死ぬことのない（不死）」無上の安穏であるニッバーナを求め、「死ぬことのない（不死）」無上の安穏であるニッバーナを得、「不死」の門を開き、「不死」の太鼓を打ち鳴らし、「不死」が得られたと宣言し、「死ぬことのない（不死）」無上の安穏であるニッバーナを五人と共有します。目覚めの場面でも初転法輪の場面でも、「死ぬことのない（不死）」無上の安穏であるニッバーナを得たことが淡々とくり返されます。伝承の始まりとは意外とこのようなものだったのかもしれません。それがしだいに内容が詳しく加えられ巧みに整理されて、十二因縁や四諦のような完成形となっていったのでしょう。十二因縁や四諦の教説が最初から整えられていたとは考えられません。

この経典では、最終的に「死ぬことのない（不死）」無上の安穏であるニッバーナが得られています。これは苦しみを解決して得られた安らぎです。四諦にはありませんが、「これは安らぎである」という真実としておきます。四諦＝四つの真実になぞらえれば、「聖なるものの探究（聖求経）」においては、「聖なるものの探究」以前の「これは苦しみである」という真実と、「聖なるものの探究」以後の「これは安らぎである」という真実が説かれているといえると思います。

四　縁起法頌

ここで「聖なるものの探究（聖求経）」を離れます。仏伝のなかでもう一つ「不死」が語られる場面を見ていきましょう。サーリプッタが五人の修行僧のなかの一人であるアッサジからゴータマ・ブッダの教えを受ける場面です。サーリプッタは親友であるモッガラーナとともに懐疑論者サンジャヤのもとで修行を行なっていました。たがいに「不死を得たら知らせあおう」と約束していたそうです。ある日、サーリプッタはラージャガハで、アッサジが托鉢をしているのを見かけました。静かで威厳がある佇まいに感じいったサーリプッタはアッサジにたずねます。「あなたは誰のもとで出家したのですか。あなたの師は誰ですか。あなたの師の教えは何ですか」と。アッサジは答えます。「わたしはシャカ族の家から出家した偉大なサマナ〔沙門。ここではゴータマ・ブッダを指します〕のもとで出家しました。その方がわたしの師です。わたしは新参者で、出家してから日が浅く、教えを詳しく説くことができません」と。サーリプッタは請うように頼みます。「ともかく、語ってください。教えを説いてください」と。アッサジは次のように語ります。

原因から生じるもろもろのダンマ、
如来はそれらの原因を説いた。
それらの消滅についても〔説いた〕。
偉大なサマナの教えはこのようである。

（『ヴィナヤ』一・四〇ページ）

これを聞いたサーリプッタは、たちどころにゴータマ・ブッダの教えの本質を理解したといわれています。サーリプッタはかねてからの約束どおり、すぐにモッガラーナにこのことを伝えました。「友よ。不死が得られた」と。

この詩句だけでは何をいっているのか分かりません。問題は「ダンマ」です。ダンマは仏教の教義のなかで最も重要かつ解釈が困難なことばの一つです。「真理、理法、実在、義務、教え、もの」などの意味があり、漢訳では「法」と訳されます。最近の解釈では、この文脈のダンマを「事象、現象」などと訳します。

筆者は、そもそもここは「ダンマ」ではなく、「ドゥッカ」すなわち「苦しみ」ではなかったか、と考えています。「原因から生じるもろもろの苦しみ、如来はそれらの〔苦しみの〕原因を説いた。それらの〔苦しみの〕消滅についても〔説いた〕」ではなかったかと。苦しみには原因があり、原因を解決することで苦しみは消滅する、ということなのではないでしょうか。重要なのは原因です。原因が分からないと病気が治せないように、苦しみの原因が分からなければ苦しみは解決できません。安らぎは得られません。サーリプッタはゴータマ・ブッダが説く「苦しみの原因の具体的内容」にこころを揺さぶられたのではないかと考えます。これまで聞いたことのない原因に触れて驚いたことでしょう。もちろん、苦しみは消滅するということにも。

これは筆者だけが考えていることではありません。『サマンタパーサーディカー』（『律蔵』の註釈書）と『大智度論』（『大品般若経』の註釈書）にも、この詩句は四諦を説いているると述べられています。さすがにダンマがドゥッカだとは述べられていません（かなり無理です）。四諦ではなく、三諦しか説かれていないが、道諦は当然含まれるという解釈です。少なくとも苦諦と集諦と滅諦の三諦は説かれているといっています。『サマンタパーサーディカー』を著わしたのはブッダゴーサ（仏音）であり、『大智度論』を著わしたのはナーガールジュナ（龍樹）です。南伝仏教と北伝仏教の代表的仏教者が同じように解釈しています。強い追い風になって筆者の解釈を後押ししてくれるように思います。

ゴータマ・ブッダはアッサジを含む五人の修行僧たちに対して、もろもろの苦しみについて語り、その原因を語ったと思われます。筆者の解釈によると、原因とは、わたしたちが知らないうちに「自他分離的自己」を形成してしまうときにはたらく力（サンカーラ）であり、その「自他分離的自己」を中心にすえる認識のあり方です。それを原因として実存的な苦しみが生じます。ところが、瞑想などの修行によって「自他分離的自己」を形成する力が静まるとともに、「自他融合的自己」が現われ、「自他融合的自己」を基盤とする認識のあり方へと統合されるときに、苦しみの原因が解消されて、苦しみは消滅するのです。

アッサジはサーリプッタに対して、苦しみの原因について、また苦しみの消滅について、おそらくここまで詳しく説明したのではないでしょうか。それではじめて、サーリプッタは「不死が得られた」と感じることができたのではないかと思います。正確にいうと、サーリプッタも五人の修行僧たちも、「不死が得られた」のではなく、「不死〔を得るための手がかり〕が得られた」のだと思います。なぜなら、かれらはその後ゴータマ・ブッダのもとでの出家を申し出ます。ゴータマ・ブッダは許可して告げます。「来なさい。真理はよく説かれた。清らかな修行を行なって、正しく苦しみを滅しなさい」と。苦しみを滅してはじめて「不死」は得られるものだからです。

この詩句は「縁起法頌」「法身偈」などと呼ばれます。ゴータマ・ブッダが亡くなってからかなりの年月を経て、この詩句を刻した石版などが、法頌舎利、法身舎利として、仏塔（ストゥーパ）の中に納められるようになります。仏塔を守る護符のような役割もあったようで、仏塔に奉納する風習はインド全域に拡がっていきました。礼拝の対象がゴータマ・ブッダの身体的遺物（遺骨、髪、歯）からゴータマ・ブッダの教え（真理、法）へと移り、仏教のあり方が変化していきます。

「縁起法頌」と呼ばれるので、縁起を説いていると解釈されてきたようですが、じつは四諦を説いたものだったのです。四諦＝四つの真実になぞらえれば、「縁起法頌」においては、「これは苦しみの原因である」という真実と、「これは苦しみの消滅である」という真実が説かれているといえると思います。

五　六諦と四諦

もう一つ資料を見てみます。その前に、第一章で見たように、十二因縁においては、四諦＝四つの真実になぞらえれば、「これは苦しみの生起である」という真実と、「これは苦しみの消滅である」という真実が説かれているといえると思います。

さて、ゴータマ・ブッダが目覚めたときに最初に発したことばとされるものが、十二因縁にともなう感興のことばとして伝えられています。それは次のようです。

じつに、熱心に瞑想するバラモンに、もろもろのダンマが現われるとき、かれの疑問は一掃される。原因をともなうという性質をもつものを、かれは知ったのである。
じつに、熱心に瞑想するバラモンに、もろもろのダンマが現われるとき、かれの疑問は一掃される。もろもろの因縁の消滅を、かれは知ったのである。
じつに、熱心に瞑想するバラモンに、もろもろのダンマが現われるとき、かれは悪魔の軍隊を粉砕している。あたかも太陽が天空に輝きわたるようなものである。

（『ウダーナ』一、二、三ページ）

この文脈での「ダンマ」の意味は別稿を参照してください。第一句は、十二因縁を無明から苦しみが生じる方向をたどった後に発せられた感興のことばです。あわせて解釈すると、苦しみは原因によって生じるものである、となるでしょう。第二句は、十二因縁を無明の滅から苦しみが滅する方向をたどった後に発せられた感興のことばです。あわせて解釈すると、苦しみは原因が消滅することによって滅する、となるでしょう。第三句は、もう一度苦しみが生じる方向と苦しみが滅する方向をたどった後に発せられた感興のことばです。これはあわせられません。しいていえば、安らぎの境涯の譬喩といえるでしょう。

十二因縁にともなう感興のことばにおいては、四諦＝四つの真実になぞらえれば、「これは苦しみの生起である」という真実と、「これは苦しみの原因（因縁）の消滅である」という真実が説かれているといえると思います。

「聖なるものの探究（聖求経）」、「縁起法頌」、「十二因縁と感興のことば」には何が説かれているのか、ということについて見てきました。四諦になぞらえてそれらを整理すると、次のようになると思います。

仮説１　これは苦しみである

仮説2　これは苦しみの原因である
仮説3　これは苦しみの生起である（苦しみは原因によって生じる）
仮説4　これは苦しみの原因の消滅である
仮説5　これは苦しみの消滅である（苦しみは原因が消滅すれば滅する）
仮説6　これは安らぎである

ゴータマ・ブッダは苦しみ（実存苦）を自覚し、苦しみからの脱却を図るべく出家して修行を始めます。何によって苦しみが生じるのかを探っていき、ようやくその原因にたどりつきます。苦しみはこの原因によって生じていたのだ、ということを理解します。この原因を解消すれば苦しみから脱却できると考え、そのための修行を実践します。その結果、原因が解消され、苦しみが消滅したことを自覚します。それはすなわち安らぎの自覚でもあります。ゴータマ・ブッダの体験に即していえば、苦しみから解放された安らぎに達した方が先だったかもしれません。そこから振りかえって原因にたどりついたのかもしれません。それで確信を得たのだと思います。

「聖なるものの探究（聖求経）」には、仮説1と仮説6が記述されています。「縁起法頌」には、仮説2と仮説5が記述されています。「十二因縁」には、〔仮説2と〕仮説3と仮説

4と仮説5が記述されています。「感興のことば」には、〔仮説2と〕仮説3と仮説4〔と仮説5と仮説6〕が記述されています。

ここで定説を見てみましょう。

定説1　これは苦しみである
定説2　これは苦しみの生起（原因）である
定説3　これは苦しみの消滅である
定説4　これは苦しみの消滅に導く道である

仮説と定説を比べると、仮説2と仮説3が定説2に該当することが分かります。定説2を見ると、苦しみの「生起（原因）」となっています。苦しみの生起なのか原因なのか確定できないので、このように表記しています。原語サムダヤには生起の意味はあっても原因の意味はありません。しかし、意味的には原因なので、「生起（原因）」という表記にせざるを得ないのです。多くの仏教学者も苦労しています。カッコ書きにするか（どちらなのか、はっきりしない）、両方を含んだ訳にするか（訳が長くなる）、漢訳の「集」にするか（訳になっていない）、思いきってどちらかにするか（片手落ちになる）、対応の分かれるところです。「苦しみは〔原因によって〕生じる」、あるいは、「苦しみは原因によって〔生じる〕」、どちらに比重を置くかによって解釈に微妙な差異が生まれるということでしょう。じつは、原始仏教経典のなかでも混乱が見られます。仮説2と仮説3のように分けてしまえば、何の混乱もないように思えるのですが。

同じように、仮説4と仮説5が定説3に該当することが分かります。苦しみの原因の消滅なのか、苦しみの消滅なのか、これについても原始仏教経典のなかでは混乱が見られますが、仏教学者はだいたい、苦しみの消滅ということで一致しています。これも仮説4と仮説5のように分けていれば、何の混乱もないように思われます。

四諦ではなく、六諦にしておけば、無用の混乱は起きなかったのではないかと思います。あえて四諦にこだわる何らかの理由があったのでしょう。どうしても四諦にしたいというのであれば、筆者なら、仮説1（これは苦しみである）、仮説2（これは苦しみの原因である）、仮説5（これは苦しみの消滅である）、仮説6（これは安らぎである）を選択します。くり返しますが、重要なのは「原因」です。苦しみが生起していることは、いわれなくても分かっていることです。

気づいている方もいると思います。筆者の仮説（六諦）には四諦の「これは苦しみの消滅に導く道である」という真実がありません。四諦には筆者の仮説（六諦）の「これは安らぎである」という真実がありません。

前者について検討してみましょう。なぜ筆者の仮説（六諦）には四諦の「これは苦しみの消滅に導く道である」という真実がないのでしょうか。六諦は、苦しみを自覚してから安らぎを自覚するまでのゴータマ・ブッダの体験を集約する形で筆者が想定した枠組みにすぎません。ゴータマ・ブッダ自身が枠組みそのものを意識していたわけではないでしょう。しかし、経典でも裏付けられるように、この枠組みにそって教えが説かれたはずです。苦しみとはどのようなものであるのか、苦しみの原因は何であるのか、苦しみはどのようにして生じるのか、苦しみの原因はどうすれば消滅するのか、苦しみはどうすれば滅するのか、また、苦しみが滅した後の安らぎとはどのようなものであるのか、などが具体的に説かれたと思われます。方法論は「苦しみはどうすれば滅するのか」を説くときに具体的に示されたと思われます。

ゴータマ・ブッダに確立された方法論があったとは思えません。五人の修行僧たちやサーリプッタは出家者ですから、ある程度の修行のあり方は共有できるものもあったのではないかと思います。考え方の基本、すなわち苦しみから安らぎにいたる筋道、とくに苦しみをもたらす原因をしっかり伝えることができれば、苦しみの原因を解消して苦しみを滅するための修行のあり方については、これまでの方法をいくつか修正するだけでよかったのではないでしょうか。八正道のような日常の基本的な生活のあり方から教示しないといけないわけではなかったように思われます。

筆者は、五人の修行僧たちやサーリプッタには四諦は説かれていないと考えています。正確には、「道諦（八正道）」は説かれていないということです。「縁起法頌」において「道諦」が説かれていないのも、このように考えればうなずけます。むしろ出家者には、安らぎがどのようなものであるのか、という問題の方が重要であったことでしょう。それが理解できてはじめて「不死（が得られる手がかり）が得られた」と宣言できるからです。五人の修行僧たちやサーリプッタに対しては、「これは苦しみの消滅に導く道である」という真実を含む四諦ではなく、「これは安らぎである」という真実を含む六諦が説かれたのではないかと筆者が推測する大きな理由です。

五人の修行僧たちには中道が説かれているではないか、という疑問があるかもしれません。一般的な仏伝の初転法輪では、まず出家者は二つの極端に親しんではならないことが説かれます。二つの極端とは、欲望にまみれた快楽主義的な生活と身心を疲弊させる苦行主義的な生活です。いずれも不利益をもたらすとされます。ゴータマ・ブッダは両極端を捨てて中道を見出したのでした。中道とは八正道であるとされます。中道は苦楽中道とも呼ばれ、従来から非常に重要視されてきました。しかし、筆者はあまり過剰に反応する必要はないと考えます。なぜなら、それは苦行に専心していた五人の修行僧たちだからこそ説かれた教えだと考えられるからです。いっしょに励んだ苦行が身心を疲弊させるだけで利益をもたらさないことを強く訴え、代案として、自分自身の経験にもとづいた中道に導こうとしているにすぎません。苦行をともにした五人の修行僧限定の、かれらにのみ有効な、相手に合わせた導入部分なのではないでしょうか。さらにいえば、この中道が八正道でなければならないという必然性はまったくありません。

相手にあわせた導入という意味では、他にも例があります。「ああ、悩ましい。ああ、煩わしい」というヤサの嘆息を聞いたゴータマ・ブッダは、「ここには悩みはない。ここには煩わしさはない。ここに来て、すわりなさい。教えを説こう」と語りかけています。盗みをはたらいた遊女を探していたバラモンの若者たちには、「遊女を探し求めるのと、自己を探し求めるのでは、あなたたちはどちらが優れていると思いますか」という問いかけをきっかけにしています。火の神に仕える儀式を行なっていたカッサパ三兄弟には、「すべては燃えている。何によって燃えているのか。貪りの火によって、怒りの火によって、愚かさの火によって燃えている。生・老・病・死・愁・悲・苦・憂・悩によって燃えている」と説き、それまで実際に火を燃やしていた三兄弟に、じつは自分自身の存在そのものが火が燃えているようなものであることを教えています。

六諦の仮説は、筆者が経典に記述された部分を集めて整理した結果、現われてきたものです。五人の修行僧たちやサーリプッタのような、いわば上級者に対しては、八正道のような方法論は必要なかったのではないかと推論しました。しかし、仏教が広まっていくためには、初心者向けの方法論がしっかりと提示できていなければなりません。そういう意味では、六諦に八正道のような方法論を加えた七諦があれば理想的であったと思われますが、実際には四諦という形式が定着していったようです。

後者について検討してみましょう。なぜ四諦には筆者の仮説（六諦）の「これは安らぎである」という真実がないのでしょうか。相手が変われば導入部分の内容も変わるということは見てきたとおりです。それでも、ほとんどの在家者に対しては、「布施の話、善い生活習慣の話、天界に生まれる話、欲望の虚しさの話、出家の勧めの話」が導入として説かれたとされます。善い生活習慣とはシーラ（戒め）のことで、殺さない、盗まない、邪な性行為をしない、嘘をつかない、酒を飲まない、の五戒に代表されるものです。戒めということばからイメージされるような禁止条項ではなく、日常的な生活習慣をより善く整えるという趣旨です。修行者に布施を行ない、善い生活習慣を身につければ、その功徳によって天界に生まれることができる、それは在家者としてはりっぱな生き方ではあるが、やはり世俗の欲望は虚しい、出家者として修行する生き方の方がはるかにすぐれている、ということを説いたのです。

それぞれに即した導入が終わり、教えの核心を聞く準備が整ったと思われる者には、共通に「四諦」が説かれたとされます。実際の場面では、苦しみとは何か、苦しみの原因とは何か、どのようにして苦しみが生じるのか、またどのようにして苦しみが滅するのか、苦しみが滅するとどうなるのか、などの細部が詳しく説かれたものと想像されます。あわせて苦しみの消滅に導く道（方法）として、八正道も説かれたことでしょう。

この文脈で八正道を捉えると、ゴータマ・ブッダの教えは苦しみを消滅させるものであるという正しい見解（正見）をもつこと、ゴータマ・ブッダの教えのもとで修行しようという正しい意思（正思惟）をもつこと、正しいことば（正語）を初めとする正しい行為（正業）をすること、正しい生活（正命）をいとなみ正しい努力（精進）をすること、ゴータマ・ブッダの教えを正しくこころに留めて（正念）正しい瞑想（正定）をすること、になると考えます。この場合の「正しい」とは、苦しみを生みださず、苦しみからの解放に導く方向性を指します。

ゴータマ・ブッダは形而上学的な問いに答えませんでした。その一方で、沈黙せずにむしろ積極的に説いたとされるのが四諦です。ということは、四諦は「厭離に導き、離欲に導き、消滅に導き、寂滅に導き、証知に導き、正しい目覚めに導き、ニッバーナ（涅槃）

に導く」と考えられていたはずです。筆者の解釈を入れない通常の解釈であっても、四諦は安らぎに導くと説かれていることが分かると思います。四諦に「これは安らぎである」という真実を加えて、五諦になっていたとしてもおかしくなかったと思われます。

それではあらためて、なぜ四諦には筆者の仮説（六諦）の「これは安らぎである」という真実がないのでしょうか。それは四諦の苦しみは安らぎと対応しない苦しみだからなのではないでしょうか。安らぎと対応しない苦しみとは何でしょうか。それは輪廻という苦しみではないかと考えます。輪廻苦からの解放（解脱）は安らぎではないということです。輪廻〔苦〕からの解放とは、苦しみが消滅したとしか表現のしようがないものなのではないでしょうか。苦しみが消滅した後はどうなるのか、という問いに対する答えは不可能であり、問いそのものが意味をなしません。苦しみが消滅したとはいえますが、それから先は原理上問い得ないものなのです。上座仏教のお坊さんの数名に質問したことがあります。「輪廻〔苦〕から解脱した後はどうなるのですか」と。みな答えに窮していました。質問する方が不見識でした。輪廻苦からの解放においては、その先はそもそも想定不能なのです。それゆえ、四諦には「これが安らぎである」という真実は説かれていないのであると考えます。

六諦の安らぎは実存苦としての苦しみがあっての安らぎです。「聖なるものの探究（聖求経)」の「生まれ、老い、病み、死に、憂え、汚れることのない無上の安穏であるニッバーナ〔涅槃〕」や「感興のことば」の「あたかも太陽が天空に輝きわたるようなものである」という譬喩は実存苦から解放された安らぎの境涯の表現であったと考えます。ゴータマ・ブッダは五人の修行僧たちに呼びかけています。「不死が得られた。……教えられた通りに行なえば、……〔出家の〕目的である無上の清らかな修行の完成を、現世においてみずからよく知り、感得し、成就するであろう」と。「無上の清らかな修行の完成」とは不死の感得であり、安らぎの境涯です。それを「現世においてみずから知り、感得し、成就する」というのですから、ここで説かれているのは輪廻〔苦〕からの解放ではないはずです。

輪廻思想がかなり浸透していた当時のインド社会において、解決すべき最も重要な問題が当初から輪廻苦であったとすると、そこに途中から実存苦が入りこむ余地はないと考えられます。一方、解決すべき最も重要な問題が当初は実存苦であったとしても、そこに途中から輪廻苦が入りこむ余地は充分にあると考えられます。原始仏教経典のなかでは実存苦と輪廻苦が混在しています。四諦にしても、安らぎに導くものと説かれたり、四諦そのものに「これは安らぎである」という真実を含まなかったりしています。おそらく、きわめて複雑な伝承の過程があったものと推察します。ゴータマ・ブッダが説いた苦しみ〔ドウッカ）はさまざまに受け取られ、解釈されていきました。それは現在もなお続いています。

最後に、「真理の眼」について触れておきます。仏伝に見られるゴータマ・ブッダの初期の説法においては、まず導入部があり、それから四諦が説かれます。四諦を聞いた者には等しく「生起する性質をもつものは、消滅する性質をもつものである」という「真理の眼」が生じたとされます。その後、出家修行僧になるか在家信者になるかの選択がなされたようです。四諦を聞いて生じた「真理の眼」です。苦しみと結びついてこその「真理の眼」なのではないかと思います。実際には次のようだったのではないでしょうか。

〔苦しみは原因によって生起するものである。〕生起する性質をもつものは、消滅する性質をもつものである。〔ゆえに、苦しみは消滅するものである。〕

この「真理の眼」が生じた後に、出家修行僧になり苦しみからの解放を目指して修行を始める者と、今生では在家信者のまま留まる者とに分かれていったものと思われます。伝承の過程で、苦しみからの解放という臨床的な目的が見失われ、普遍的な命題の探求の方が優先されるようになったときに、前後が落とされていったのではないかと推察します。

六　非我相経（参考）

あまり取りあげられませんが、ゴータマ・ブッダの最初の説法では、四諦とともに非我の教えも説かれたことが伝えられています。非我の教えについては、前章「無常・苦・非我その先へ」で詳しく論じました。最初の説法では以下のように説かれているので、参考にしていただければと思います。

修行僧たちよ。色〔・受・想・行・識〕は非我である。色〔・受・想・行・識〕が我であるならば、この色〔・受・想・行・識〕が病気になることはないであろうし、また色〔・受・想・行・識〕に対して、わたしの色〔・受・想・行・識〕はこのようにあれとか、このようにあってはならないとか、いうことができるであろう。しかしながら、色〔・受・想・行・識〕は我ではない。それゆえ、この色〔・受・想・行・識〕が病気になることもあるし、また色〔・受・想・行・識〕に対して、わたしの色〔・受・想・行・識〕はこのようにあれとか、このようにあってはならないとか、いうことができないのである。

「修行僧たちよ。これをどう思うか。色〔・受・想・行・識〕は常住であるか、あるいは無常であるか」。「無常です。尊い方よ」。

「では、何であれ無常であるものは思い通りにならないか、あるいは思い通りになるか」。「思い通りになりません。尊い方よ」。

「では、何であれ無常であり、思い通りにならず、変化する性質のものを、これはわたしのものである、わたしはこれである、これはわたしの我であると見ることは正しいか」。「そうではありません。尊い方よ」。

それゆえに、ここで、およそどんな色〔・受・想・行・識〕であれ、過去・未来・現在の、内的・外的の、粗大・微細の、劣った・優れた、遠くにある・近くにあるすべての色〔・受・想・行・識〕を、これはわたしのものではない、わたしはこれではない、これはわたしの我ではないと、このようにこれをありのままに正しい智慧によって見るべきである。

修行僧たちよ。このように見て、聖弟子は色〔・受・想・行・識〕について厭う。厭うと染まらない。染まらないので解脱する。解脱すると解脱したと知る。生まれは尽きた。清らかな修行は完成した。なされるべきことはなされた。この状態のほかはない、と知るのである。

（『ヴィナヤ』一・一三―一四ページ）

第五章　無我その先へ

一　無我の解釈

わたしたちは生まれて育てられ、幼年期のあるときに、自己の存在に気がつきます。同時に自己以外の存在があることにも気がつきます。そこにことばを含む自他分離的な自己形成力がはたらいていることは、第一章で述べました。ここでは自己の存在に気がついた時点を自我の芽生えとしておきます。それ以前は自我にいたっていない、自我以前ないし自我未満ということで未我とします。自我が芽生えてから、わたしたちはじょじょに自我を発達させていきます。自我を発達させることは一人前の大人になるために必要な過程であり、自我が確立した時点で大人になったといわれます。それ以後も人間的には成長していきますが、自我の発達とはあまり結びつけられません。自我を確立させることがおおよそ自我の発達の最終到達点になっていて、自己実現というものもその延長上に考えられているようです。

わたしたちの人生における自我の発達という意味では、未我の段階から自我の段階へと発達すると見られています。短い未我の段階と長い自我の段階、すなわち未我と自我という枠組みが想定されています。

仏教では無我を説きます。わたしたちが無我を理解しようとするときの基礎となり、使える枠組みは未我と自我という枠組みです。そのうえで、無我をどのように理解しようとするでしょうか。まず、無我を「〔自〕我が無い」という文字通りの意味に解釈します。「〔自〕我が無い」という状態をわたしたちの枠組みで探すと、未我に相当するであろうことが推定されます。未我は自我にいたっていない、自我以前ないし自我未満という意味なので、確かに自我はありません。

仏教は基本的に大人に対して教えを説きます。したがって、仏教の無我とは、未我の段階から自我の段階にいたった大人に対して、再び未我の段階へともどることを説いているかのように見えます。ところが、未我の「自分がなく」て「理性がない」という特質は、一般的にも未熟な状態と思われています。せっかく理性を獲得して自我の段階まで成長してきたのに、なぜもとの未熟な未我にもどらなければならないのでしょうか。無我を説く真意が理解できません。

理解できないので代案を考えます。これは無我を未我と解釈したのがいけなかったのであって、そうではなく、未我を無我と解釈すればよいのではないか、と。わたしたちは未我の段階から自我の段階へと成長してきたように思っていますが、それはまちがいで、もともと悟っていた無我の段階から自我の段階へと堕落してきていたのです。堕落した自我の段階からもともとの姿である無我の段階へともどるべく成長していくのだ、と考えるのです。「赤子のようになるのが無我の境地である」「わたしたちはもともと悟っている」という仏教者もいます。また、もともと悟っていた〔はずの段階の〕「すなお」で「邪心がない」という特質は、一般的にも美徳として認められています。

仮に未我がじつは無我であり、それが仏教の究極の境地であるのならば、赤ちゃんや理性のない者が最も尊敬に値する者となり、自我をもち理性のある一人前の大人が最も評価の低い者になります。わたしたちは究極の状態で生まれてきて、じょじょに成長ではなく堕落して大人になり、それからまた究極の状態へと成長してもどっていくということを仏教は説いているのでしょうか。わたしたちの良識は、これもおかしいと判断します。

けっきょく、未我と自我という枠組みから想像する、無我＝〔自〕我が無い＝未我という解釈そのものがおかしいのではないでしょうか。あわせて、未我と自我という枠組みの限界も示していると思います。

仏教の立場から考えると、仏教では未我という段階は想定されていません。あくまである程度自我が確立された大人に対して教えを説きます。それはなぜかというと、仏教では実存的な苦しみを滅することが基本だからです。実存的な苦しみはある程度自我が確立された段階でないと生じてきません。深刻な顔をして悩んでいる赤ちゃんなど見たことがないでしょう。ある程度の理性がないと、自分の死について考えたりしません。赤ちゃんは無知によって保護されて苦しみをまぬがれているのです。ということは、無我は自我の段階にまで成長してきた大人に対して、退行することを教えているのではないということではないでしょうか。どちらかというと、先に進むこと、すなわち成長を促しているように思われます。

どのような成長なのでしょうか。仏教では成長という観点は強調されません。とくにゴータマ・ブッダは苦しみを滅して安らぎが得られれば、それで充分だと考えていたようです。修行の段階論はありますが、それを成長とは捉えていなかったように思われます。それでも、苦しみから安らぎへと向かう方向性は明らかに認められます。筆者は、自我の段階で生じた苦しみを、無我の段階に成長することによって滅して、そこで安らぎが得られる、と考えています。自我の段階から無我の段階へと成長することが説かれていると思います。そうであれば、わたしたちの未我と自我という枠組みでは対応できません。わたしたちの枠組みを未我と自我と無我という枠組みへと拡げなければなりません。拡げたうえで、無我とは何を意味するのかを考えなければなりません。

ヒントになるのは、第一章の十二因縁の前半部分と後半部分です。前半部分では自他分離的自己を中心にすえる認識によって苦しみが生じ、後半部分では自他融合的自己を基盤とする認識によって苦しみが滅し、安らぎが得られると説かれています。自他分離的でばらばらに孤立した自我が、自他融合的で一つにつながりあった無我へと成長していると捉えられるのではないでしょうか。自我は苦しみが生じる段階と同じで、無我は安らぎが得られる段階と同じはずです。

ここで無我ということばに託された意味は、単純に自我がなくなったということだけではありません。前の段階の自我がなくなった〔ように見える〕というだけでなく、安らぎを得る段階、自他融合的で一つにつながりあっている認識の段階の我のあり方を表現できていないといけません。無我ということばはそれらを充分に表現できていません。新しい段階を含めた表現としてはふさわしくないと思います。誤解を生じる可能性が高いし、現実に誤解を生じてきました。それは現在のわたしたち自身の無我についての理解をふり返ってみれば明らかだと思います。

それでは、どのように表現すればよいのでしょうか。成長や発達と同じ意味で用いられる「超越」ということばがあります。その「超」を借りて「超我」としてはどうでしょうか、というのが筆者の提案です。超越とは、成長と同じように、前の段階を否定的に保存しつつ、新しい段階へと進んでいくことをいいます。自我の段階から超我の段階へと成長していくと考えるのです。自我の段階を含みつつ超えていく、と考えることで、前の段階の自他分離的な自我がなくなった〔ように見える〕ということと、新しい段階の自他融合的な超我へと成長しているということの両方が表現できると思います（「大我」ということばもありますが、小我と大我の対照が平面的で超越の感じに欠けると思います）。

ここで、成長のあり方を横断歩道の渡り方でたとえてみます。幼いころ、わたしたちは両親の背中におぶわれて横断歩道を渡ったと思います。歩けるようになると、親しい人たちに手を引いてもらって渡りました。少し大きくなると、黄色い旗をもち、左右を確認して、独りで渡ることができるようになりました。もう少し大きくなると、旗ももたずに、信号にしたがって渡ることができます。

このように、大きくなると、それ以前の渡り方はすべてできるけれど、あえて採用せず、新しい渡り方で渡るようになります。これが成長です。前の段階をすべて含みつつ超えているのです。成長はいわゆる上書きではありません。前の段階は否定されつつ保存されているのです。ただ新しい段階が優先的に採用されるので、前の段階はなくなったかのように見えるのです。したがって、無我で表現されるように、自他分離的な自我はなくなるのではなく、なくなったように見えるだけです。

仏教は、わたしたちは自我の段階から超我の段階へと成長できることを説いています。この超我に相当するものが、仏教で無我と呼ばれてきたものにほかなりません。わたしたちは自我の確立という段階が人間の成長の頂点と考えていますが、それは凡夫的人間の成長の頂点であって、ボサツ的人間は自我の確立という段階を超えて成長できるのです。むしろ、自我の段階を超えて成長した人間をボサツ的人間と呼ぶ、といった方がよいかもしれません。未我と自我の枠組みから未我と自我と無我へと拡げた枠組みも、未我と自我と超我という枠組みに修正しなければなりません。

一つ問題があります。未我と自我と超我へと枠組みを拡げたのはいいのですが、内容的にしっかり把握しておかなければならないことがあります。わたしたちの未我と自我という枠組みは未我の段階から自我の段階への成長と捉えられています。また仏教の自我と超我という枠組みは自我の段階から超我の段階への成長と捉えられています。両者をつなぐ自我の段階は、わたしたちの立場から見ると成長の頂点であり、仏教の立場から見ると苦しみが生じる段階です。仏教では苦しみは滅するべきものなので、自我の段階は否定すべき段階とみなされています。わたしたちはようやく自我の段階まで成長してきたのです。それを否定すべきだといわれては、これまでの人生すべてが否定されてしまうようです。納得できません。

それでは、どのように考えればよいのでしょうか。ここは発想を変えましょう。わたしたちは自我の段階に成長してきたからこそ苦しみを感じるのです。未我の段階では苦しみを感じないというのは、前に述べたように無知によって保護されているからです。苦しみを感じるのは否定されるべきことではなく、成長の証といえます。苦しみにも意味があるのです。ただし、苦しみの段階に停滞するのではなく、安らぎの段階＝超我の段階へとさらに成長することを説くのが仏教です。わたしたちの未我の段階から自我の段階への成長と、仏教の自我の段階から超我の段階への成長を、人間のライフサイクルにおける我のあり方の成長という観点から捉えて合体すれば、自我の段階の妥当性を肯定しつつ、人生を成長という一貫した方向性で見られるようになると思います。自我の段階はわたしたちのように無条件に肯定されるものでもなく、仏教のように無下に否定されるものでもありません。わたしたちが想定する未我の段階から自我の段階への成長ではいまだ不充分であり（なぜなら、苦しみが解決できないから）、さらに仏教が説く超我の段階へと成長できる（苦しみを解決して安らぎが得られる）と考えれば納得が得られると思います。

二　無分別の解釈

わたしたちは生まれて育てられ、幼年期のあるときに、ことばを使ってものごとを識別し、理解するようになります。そのときにはすでに、自他分離的自己を中心とする認識によってものごとを見ています。ものごとを別々にして分かる、ということで、これを仏教では「分別」と呼びます。ここではことばを使えるようになった時点を分別の芽生えとしておきます。それ以前は分別にいたっていない、分別以前ないし分別未満ということで未分別とします。分別が芽生えてから、わたしたちはじょじょに分別を発達させていきます。分別がついた、といわれるようになると、一人前の大人になったとみなされます。分別がない者は大人とみなされません。それ以後も人間的には成長していきますが、分別の発達とはあまり結びつけられません。分別がつくことがおおよそ分別の発達の最終到達点になっています。

以下しばらく、前節とほとんど同じ文章が続きます。合理的な観点からは「無分別、以下同文」としてもよいかもしれません。原始仏教経典はもともと口頭による伝承のため、記憶に留めやすいようにくり返しが用いられます。ここでは、無我と無分別に対する誤解が同じ構造で起こっていること、したがって、同じ経緯をたどって誤解の解消ができることを示すためにあえてくり返しを用いています。しばらくお付き合いください。

わたしたちの人生における分別の発達という意味では、未分別の段階から分別の段階へと発達すると見られています。短い未分別の段階と長い分別の段階、すなわち未分別と分別という枠組みが想定されています。

仏教では無分別を説きます。わたしたちが無分別を理解しようとするときの基礎となり、使える枠組みは未分別と分別という枠組みです。そのうえで、無分別をどのように理解しようとするでしょうか。まず、無分別を「分別が無い」という文字通りの意味に解釈します。「分別が無い」という状態をわたしたちの枠組みで探すと、未分別に相当するであろうことが推定されます。未分別は分別にいたっていない、分別以前ないし分別未満という意味なので、確かに分別はありません。

仏教は基本的に大人に対して教えを説きます。したがって、仏教の無分別とは、未分別の段階から分別の段階にいたった大人に対して、再び未分別の段階へともどることを説いているかのように見えます。ところが、未分別の「自分がなく」て「理性がない」という特質は、一般的にも未熟な状態と思われています。せっかく理性を獲得して分別の段階まで成長してきたのに、なぜもとの未熟な未分別にもどらなければならないのでしょうか。

無分別を説く真意が理解できません。

理解できないので代案を考えます。これは無分別を未分別と解釈したのがいけなかったのであって、そうではなく、未分別を無分別と解釈すればよいのではないか、と。わたしたちは未分別の段階から分別の段階へと成長してきたように思っていますが、それはまちがいで、もともと悟っていた無分別の段階から分別の段階へと堕落してきていたのです。堕落した分別の段階からもともとの姿である無分別の段階へともどるべく成長していくのだ、と考えるのです。「赤子のようになるのが無分別の境地である」「わたしたちはもともと悟っている」という仏教者もいます。また、もともと悟っていた〔はずの段階の〕「すなお」で「邪心がない」という特質は、一般的にも美徳として認められています。

仮に未分別がじつは無分別であり、それが仏教の究極の境地であるのならば、赤ちゃんや理性のない者が最も尊敬に値する者となり、分別をもち理性のある一人前の大人が最も評価の低い者になります。わたしたちは究極の状態で生まれてきて、じょじょに成長ではなく堕落して大人になり、それからまた究極の状態へと成長してもどっていくということを仏教は説いているのでしょうか。わたしたちの良識は、これもおかしいと判断します。

けっきょく、未分別と分別という枠組みから想像する、無分別＝分別が無い＝未分別という解釈そのものがおかしいのではないでしょうか。あわせて、未分別と分別という枠組みの限界も示していると思います。

仏教の立場から考えると、仏教では未分別という段階は想定されていません。あくまである程度分別がついた大人に対して教えを説きます。それはなぜかというと、仏教では実存的な苦しみを滅することが基本だからです。実存的な苦しみはある程度分別がついた段階でないと生じてきません。深刻な顔をして悩んでいる赤ちゃんなど見たことがないでしょう。ある程度の分別がないと、自分の死について考えたりしません。赤ちゃんは分別がつかないことで保護されており、それによって苦しみをまぬがれているのです。ということは、無分別は分別の段階にまで成長してきた大人に対して、退行することを教えているのではないということではないでしょうか。どちらかというと、先に進むこと、すなわち成長を促しているように思われます。

どのような成長なのでしょうか。仏教では成長という観点は強調されません。とくにゴータマ・ブッダは苦しみを滅して安らぎが得られれば、それで充分だと考えていたようです。修行の段階論はありますが、それを成長とは捉えていなかったように思われます。それでも、苦しみから安らぎへと向かう方向性は明らかに認められます。筆者は、分別の段階で生じた苦しみを、無分別の段階に成長することによって滅して、そこで安らぎが得られる、と考えています。分別の段階から無分別の段階へと成長することが説かれていると思います。そうであれば、わたしたちの未分別と分別という枠組みでは対応できません。わたしたちの枠組みを未分別と分別と無分別という枠組みへと拡げなければなりません。拡げたうえで、無分別とは何を意味するかを考えなければなりません。

ヒントになるのは、第一章の十二因縁の前半部分と後半部分です。前半部分では自他分離的自己を中心にすえる認識によって苦しみが生じ、後半部分では自他融合的自己を基盤とする認識によって苦しみが滅し、安らぎが得られると説かれています。自他分離的自己を中心にすえる認識によって得られた分別が、自他融合的自己を基盤とする認識によって得られる無分別へと成長していると捉えられるのではないでしょうか。分別は苦しみが生じる段階と同じで、無分別は安らぎが得られる段階と同じはずです。

ここで無分別ということばに託された意味は、単純に分別がなくなったということだけではありません。前の段階の分別がなくなった〔ように見える〕というだけでなく、安らぎを得る段階、自他融合的で一つにつながりあっている認識の段階の知のあり方を表現できていないといけません。無分別ということばはそれらを充分に表現できていません。新しい段階を含めた表現としてはふさわしくないと思います。誤解を生じる可能性が高いし、現実に誤解を生じてきました。それは現在のわたしたち自身の無分別についての理解をふり返ってみれば明らかだと思います。

それでは、どのように表現すればよいのでしょうか。成長や発達と同じ意味で用いられる「超越」ということばの「超」を借りて「超分別」としてはどうでしょうか、というのが筆者の暫定的な提案です。超越とは、成長と同じように、前の段階を否定的に保存しつつ、新しい段階へと進んでいくことをいいます。分別の段階から超分別の段階へと成長していくと考えるのです。分別の段階を含みつつ超えていく、と考えることで、前の段階の自他分離的な分別がなくなった〔ように見える〕ということと、新しい段階の自他融合的な超分別へと成長しているということの両方が表現できると思います。

成長はいわゆる上書きではありません。前の段階は否定されつつ保存されています。ただ新しい段階が優先的に採用されるので、前の段階はなくなったかのように見えるのです。したがって、無分別で表現されるように、自他分離的な分別はなくなるのではなく、なくなったように見えるだけです。

仏教は、わたしたちは分別の段階から超分別の段階へと成長できることを説いています。この超分別に相当するものが、仏教で無分別と呼ばれてきたものにほかなりません。わたしたちは分別がついた段階が人間の成長の頂点と考えていますが、それは凡夫的人間の成長の頂点であって、ボサツ的人間は分別がついた段階を超えて成長できるのです。むしろ、分別の段階を超えて成長した人間をボサツ的人間と呼ぶ、といった方がよいかもしれません。未分別と分別の枠組みから未分別と分別と無分別へと拡げた枠組みも、未分別と分別と超分別という枠組みに修正しなければなりません。

やはり問題があります。未分別と分別と超分別へと枠組みを拡げたのはいいのですが、内容的にしっかり把握しておかなければならないことがあります。わたしたちの未分別と分別という枠組みは未分別の段階から分別の段階への成長と捉えられています。また仏教の分別と超分別という枠組みは分別の段階から超分別の段階への成長と捉えられています。両者をつなぐ分別の段階は、わたしたちの立場から見ると成長の頂点であり、仏教の立場から見ると苦しみが生じる段階です。仏教では苦しみは滅するべきものなので、分別の段階は否定すべき段階とみなされています。わたしたちはようやく分別の段階まで成長してきたのです。それを否定すべきだといわれては、これまでの人生すべてが否定されてしまうようです。納得できません。

それでは、どのように考えればよいのでしょうか。ここは発想を変えましょう。わたしたちは分別の段階に成長してきたからこそ苦しみを感じるのです。未分別の段階では苦しみを感じないというのは、無知によって保護されているからです。苦しみを感じるのは否定されるべきことではなく、成長の証といえます。苦しみにも意味があるのです。ただし、苦しみの段階に停滞するのではなく、安らぎの段階＝超分別の段階へとさらに成長することを説くのが仏教です。わたしたちの未分別の段階から分別の段階への成長と、仏教の分別の段階から超分別の段階への成長を、人間のライフサイクルにおける知のあり方の成長という観点から捉えて合体すれば、分別の段階の妥当性を肯定しつつ、人生を成長という一貫した方向性で見られるようになると思います。分別の段階はわたしたちのように無条件に肯定されるものでもなく、仏教のように無下に否定されるものでもありません。わたしたちが想定する未分別の段階から分別の段階への成長ではいまだ不充分であり（なぜなら、苦しみが解決できないから）、さらに仏教が説く超分別の段階へと成長できる（苦しみを解決して安らぎが得られる）と考えれば納得が得られると思います。

さきほど、超分別を暫定的な提案としました。筆者は最終的に超分別を「智慧」と呼ぶことを提案します。自他分離的な自己を中心にすえる認識において得られた分別を超えて、自他融合的な自己を基盤とする認識において得られる超分別を表現するのによりふさわしいことばであると思うからです。「智慧」は仏教において重要な意味をもつことばとして使われてきました。わたしたちは分別以前から分別を経て、智慧へと成長できるのです。

これは同時に、理性を仏教の智慧と誤解することを防いでくれます。理性が得られていない分別以前から成長して分別の段階に進むことによって得られる理性を仏教の智慧であると誤解する人々がいます。仏教を合理的な宗教と考える人々は、理性を智慧と捉えてしまうのです。そして、理性が得られていない分別以前を無明とします。わたしたちの一般的な知的発達のモデルにあてはめて、知的発達の頂点である理性を仏教の智慧とするのです。世界のすべての現象を理性的に把握できれば、それによって仏教の智慧が得られたものと考えます。それができないのが無明であり、無明によって苦しみが生じます。苦しみを解決するためには世界のすべての現象を理性的に把握するために努力しないといけません。理性を磨くことが修行ということになります。

近代の人間観の影響を強く受けた現代人が何の疑問もなく受けいれている人間の知的発達のモデルなので、仏教をこのように解釈することにあまり抵抗はないかもしれません。抵抗はないものの、仏教がそうであれば、現代人にはまったく必要のないものになってしまいます。仏教をもちださなくても、現代人はこのような人間観はふつうにもっているからです。仏教の権威を借りて、ことさらに正当な理論のようにみせかけようとしているのでしょうか。

じつはこのモデルは凡夫的人間が成立するまでの段階を指しているだけにすぎません。わたしたちは理性とは分別であることをしっかり理解する必要があります。わたしたちの知のあり方は理性すなわち分別の段階から智慧の段階へと成長し、わたしたち自身は凡夫的人間からボサツ的人間へと成長していく可能性があるのです。それを説くのが仏教であり、そこにこそ仏教の価値があると思います。

三　欲望の解釈

本書では、苦しみを生じさせている根源的な原因はサンカーラであると捉えています。無明ではありません。従来の解釈によると、苦しみの原因は、十二因縁では無明あるいは欲望（愛）となっていて、四諦説では欲望が想定されています。欲望が重要視されているのがよくわかります。そこで欲望に焦点をあてて苦しみとの関連で考えると、「欲望があることによって、苦しみが生じる。苦しみを消滅させる、ないしは苦しみを生じさせないようにするためには、欲望を消滅させなければならない」ということになります。「欲望を消滅させる？」それはいったい、どういうことなのでしょうか。

わたしたちは、欲望をなくす、あるいは欲望を消滅させる、ということが具体的にイメージできません。そんなことがあり得るのでしょうか。経典には確かにそのように説かれていますが、それを理解できません。思考が追いついていかないのです。「欲望がなくなると、どのような人間になるのでしょうか」。仏教を理解しようという意欲がそこで止まってしまいます。少なくとも、自分自身の思想にはなりません。

わたしたちは欲望といわれると、食欲や性欲や睡眠欲や生存欲や所有欲などなど、さまざまな欲望を思いうかべます。それらの欲望はあるのが当然と思っているので、欲望がなくなった状態をイメージできません。食欲や睡眠欲などの、わたしたちが生きていくうえで基本的な欲望がなくなってよいものでしょうか。また、生存欲がなくなったら、いったいどうなるのでしょうか。わたしたちは生きていけるのでしょうか。それとも、死んだ方がよいとでもいうのでしょうか。

またたとえば、何かを学びたいとか、よりよく生きたいという意欲や向上心などのように、わたしたちが日常で大切に思っている欲望をすべてなくしたら、生きている意味も失われるような気がします。意欲も何もなくした人間には、だれもなりたいとは思わないでしょう。人生の目的にはとうていなりません。苦しみを滅して安らぎにいたるというのは、そのような人間になることなのでしょうか。そうであれば、まったく受けいれがたいことです。

仏教が現実味のない遠い思想になっていきます。「欲望がなくなった人」は、わたしたちの手のまったく届かないところにいます。自分たちとは関係のない世界のように感じられます。それでも、わたしたちは、仏教の経典に書かれているのだから、それなりの意義はあるのであろうと考えます。仏教の伝統を尊重する気持ちがあるだけに、その思想を批判的に考察することができません。わたしにはできないけれども、できる人が確かにいて、それは尊敬に値するものであると考えます。

このままでは理解できないので、少しでも自分が納得できるような解釈はないかと考えます。例をあげると、「欲望をなくすといっているのは、本当は欲望をなくすという意味なのではなく、欲望を最小限にするという意味なのではないか」「欲望をなくすといっているのは、本当は欲望をなくすのではなく、欲望はあるのだけれども、それがはたらかないようになるという意味なのではないか」「欲望をなくすといっているのは、本当は欲望をなくすのではなく、欲望を抑制するという意味なのではないか」「欲望をなくすといっているのは、本当は欲望をなくすのではなく、欲望はあってもよいが、貪ることがよくないという意味なのではないか」などなどです。とにかく、欲望をなくさないような解釈を探します。

欲望を抑制するという解釈は、わたしたちの仏教の修行のイメージに近いものです。戒律を我慢して守り、厳しい坐禅の修行に耐えている姿がイメージされます。ゴータマ・ブッダは最も我慢強い人です。欲望を貪らないという解釈は、禁欲と貪欲の両極端を避けるという意味での中道と結びつければ妥当なように思われます。しかし、これではわたしたち凡夫の一般的な倫理道徳と大差がなくなります。どの例も納得できるまでにはいたりません。ここで思考を中止します。仏教がいっていることは理解不能である、と。

うまく解決できないので、前節までの方法を考えてみます。自我から無我、分別から無分別と同じように、仏教が仮に欲望から無欲望への方向性を説いているとします。そうすると、自他分離的自己を中心にすえる認識によって生じた欲望が、自他融合的自己を基盤とする認識によって得られる無欲望へと成長していると捉えられるのではないでしょうか。欲望は苦しみが生じる段階と同じで、無欲望は安らぎが得られる段階と同じはずです。

前節までと同じように、無欲望ということばに託された意味があるとすれば、単純に欲望がなくなったということだけではないはずです。前の段階の欲望がなくなった〈ように見える〉というだけでなく、安らぎを得る段階、自他融合的で一つにつながりあっている認識の段階の欲のあり方を表現できていないといけません。無欲望ということばはそれを充分に表現できていません。無我や無分別で生じたのと同じ問題が待っています。結論的には暫定的に「超欲望」としたいと思います。

最初から無欲望ではなく超欲望を仮に設定すればよいと思われるかもしれませんが、前節までと同じような仏教的設定をなぞってみました。「超欲望」は超越という意味をふまえており、欲望の段階を含みつつ超えていく、と考えることで、前の段階の自他分離的な欲望がなくなった〈ように見える〉ということと、新しい段階の自他融合的な超欲望へと成長しているということの両方が表現できると思います。成長はいわゆる上書きではありません。前の段階は否定されつつ保存されています。ただ新しい段階が優先的に採用されるので、前の段階はなくなったかのように見えるのです。したがって、無欲望で表現されるように、自他分離的な欲望はなくなるのではなく、なくなったように見えるだけです。

仏教は、わたしたちは欲望の段階から超欲望の段階へと成長できることを説いているのでしょうか。自他分離的な自己を中心にすえる認識における欲望を自己中心的な欲望、自他融合的な自己を基盤とする認識における欲望を自利利他的な欲望＝超欲望と考えると、凡夫的人間の欲望の段階からボサツ的人間の超欲望の段階へと成長することを説いているようです。欲望の段階を超えて成長した人間をボサツ的人間と呼ぶ、といった方がよいかもしれません。欲望に関する枠組みは、未欲望と欲望と超欲望という枠組みが設定されます。

やはり問題があります。未欲望と欲望と超欲望へと枠組みを拡げたのはいいのですが、内容的にしっかり把握しておかなければならないことがあります。わたしたちにとって欲望の段階は自我の段階、分別の段階というよりも苦しみの段階に近い感覚があります。わたしたちは欲望の存在に煩わされ悩まされているので、欲望の段階が人間の成長の頂点とは考えにくいと思います。否定的な側面だけ見ていると、とても成長してきたとは捉えられません。それでも、欲望に煩わされ悩まされるのも、自我の段階、分別の段階に成長してきたからこそなのです。けっして否定されるべきことではなく、むしろ成長の証といえます。苦しみにも意味があったように、欲望にも意味があるのです。ただし、欲望の段階に停滞するのではなく、超欲望へとさらに成長することを説くのが仏教です。わたしたちの未欲望の段階から欲望の段階への成長と、仏教の欲望の段階から超欲望への成長を、人間のライフサイクルにおける欲のあり方の成長という観点から捉えて合体すれば、欲望の段階の妥当性を肯定しつつ、人生を成長という一貫した方向性で見られるようになると思います。わたしたちが想定する未欲望の段階から欲望の段階への成長ではいまだ不充分であり（なぜなら、苦しみが解決できないから）、さらに仏教が説く超欲望の段階へと成長できる（苦しみを解決して安らぎが得られる）と考えれば納得が得られると思います。

さきほど、超欲望を暫定的な提案としました。欲望があるから苦しみがある、欲望がなくなれば苦しみはなくなる、といわれます。欲望はわたしたちが想像するような単なる欲望ではありません。その正体は、自他分離的な自己を中心にすえる認識における自己中心的な欲望なのです。自他分離的な自己を中心にすえる認識における自己中心的な欲望があるから苦しみがある、といっているのです。さらに、それが自他融合的な自己を基盤とする認識における自利利他的な欲望＝超欲望へと統合ないし成長することによって苦しみがなくなるといっているのです。自己中心的な欲望はなくなったように見えるだけで、実際にはなくなりませんが、それに振りまわされることはなくなります。したがって、さきほどの解釈をめぐっての議論のように、自己中心的な欲望だけを想定して、そのあるなしを論じてもほとんど意味はありません。また、自己中心的な欲望を抑制したり我慢しても、何の解決にもなりません。重要なのは、自己中心的な欲望を自利利他的な欲望へと質的に高め統合ないし成長させていくことなのです。

四諦説における欲望の解釈はつぎのようになるでしょう。欲望とは自己中心的な欲望です。欲望の消滅とは自己中心的な欲望の消滅であり、それが消滅した〔ように見えた〕後には、欲望は自利利他的な欲望へと質的に高められ成長しているのです。

気がついた方もいるかもしれません。すでに暫定的な超欲望のことを勇み足的に自利利他的な欲望と言い換えています。その他にもさまざまに表現できますが、最もふさわしい表現が仏教の伝統のなかにあるのではないでしょうか。筆者は「慈悲」と呼ぶことを提案します。自分のことしか考えられない欲望が、他者のことも自分のことのように考えられる欲望へと質的に高められ成長していくのです。慈悲と表現するのが最もふさわしいでしょう。生きとし生けるものをわがことのように思えるこころのあり方こそが、成長をとげた欲望、すなわち慈悲に相当するのです。「欲望がなくなると、どのような人間になるのでしょうか」という問いには、「欲望がなくなると、慈悲をもった人間になる」と答えることができるでしょう。

四　三段階成長論

以上のように、多方面にわたるわたしたちの成長の枠組みと、仏教が説く成長の枠組みを合体して、三段階の成長の枠組みとしてみました。これによって、わたしたちの人生全体を成長という一貫した観点から見られるようになると思います。まず、根本となる認識のあり方について示すと、次のようになります。

認識以前
←　自他分離的な自己を中心にすえる認識
←　自他融合的な自己を基盤とする認識

根本となる認識のあり方にもとづき、わたしたちはさまざまな側面で同時並行的に何らかの連携をとっているかのように成長していきます。一つの根から生じた何本もの幹が同じ方向に同じような速さで伸びているようなイメージです。そのうち、わたしたちの成長の基軸となり、かつ実感できる側面として、「我のあり方」、「知のあり方」、「欲のあり方」を想定しました。それを示すと、次のようになります。

未我（自我以前）
↓
自我（自他分離的自己を中心にすえる認識における我のあり方）
↓
超我（自他融合的自己を基盤とする認識における我のあり方）

未分別（分別以前・理性以前）
↓
分別（理性、自他分離的自己を中心にすえる認識における知のあり方）
↓

智慧（超分別・超理性、自他融合的自己を基盤とする認識における知のあり方）

未欲（欲望以前）

←欲望（自他分離的自己を中心にすえる認識における欲のあり方）

←慈悲（超欲望、自他融合的自己を基盤とする認識における欲のあり方）

これらの成長の度合いに合わせて、わたしたちの実存的な苦しみは生じます。わたしたちは悩まされ、苦しめられ、消耗させられます。しかし、まさしくそのときが、第三段階へと成長できるチャンスなのです。第二段階ではとても解決できそうにもないように感じられるでしょう。それでも解決できるというのがゴータマ・ブッダのメッセージです。第三段階へと成長していけば安らぎが得られると励ましてくれているようです。それを示すと、次のようになります。

未苦（苦しみ以前）

↓
苦しみ（自他分離的な自己を中心にすえる認識における実存のあり方）
↓
安らぎ（超苦しみ、自他融合的な自己を基盤とする認識における実存のあり方）

認識のあり方を根本とし、「我のあり方」「知のあり方」「欲のあり方」などの基軸にもとづいて同じ方向に伸びる多くの幹の束のように成長をつづけ、それでもかならず実存的な苦しみを抱えてしまうものの、そこであきらめて成長を止めなければ、だれでも安らぎが得られる可能性をもつという、三段階成長論を担う生身の人間をモデルとして提示すれば、次のようになります。

凡夫以前→凡夫→仏ボサツ

凡夫的人間以前→凡夫的人間→仏ボサツ的人間

第一段階から第二段階への成長はほぼ自動的に行なわれます。第二段階と第三段階とのあいだには、途方もない大きな壁ないし深い溝があるように感じられます。そもそも第二段階が人間の成長の頂点であると考える人々が大多数です。そのような人々には壁も溝も見えません。たとえ実存的な苦しみを感じたとしても、人間だから仕方がないとあきらめ、あるいはみんな同じだから問題ないと開き直って生きて死んでいきます。そうではないということに気づいたのがゴータマ・ブッダです。人間は凡夫的人間の段階で成長が止まるというのであれば仕方ないかもしれません。みんなが凡夫的人間の段階で成長が止まるというのであればみんな同じだから問題ないかもしれません。しかし、人間は仏ボサツ的人間へと成長できるのです。そうはいっても、ゴータマ・ブッダにならい、ゴータマ・ブッダのあとに続こうとした人々でさえ、その前には大きな壁と深い溝が立ちはだかっていたことでしょう。第二段階から第三段階への成長をいかに促すか、いつの時代もここが問題になると思います。筆者は実存的な苦しみを感じたときが、第三段階への成長のチャンスであると述べました。壁や溝に気づいた時点では、すでに第三段階への成長が始まっているのだと思います。

わたしたちの社会では、二十歳になると成人式がいとなまれ、その時点から大人になったとされます。ほとんど自己が確立していない幼児のような精神をもっていても、二十年という数字的な基準で大人になったとされます。それ以降は、どんなに精神的に成長しても、まったく成長しなくても、大人には変わりありません。

それと同じように、わたしたち人間は第二段階である凡夫的人間の段階、すなわち自我の段階や分別の段階や欲望の段階や苦しみの段階を超えて成長し、仏ボサツ的人間にもなれることを理解し、仏ボサツ的人間への成長の方向に向かおうという意欲をもった者を、成仏式（せいぶつしきと読みます）を行なって祝福してあげたらどうでしょうか。成仏式という名称は誤解を生みやすいので、〔成〕ボサツ式の方がよいかもしれません。通常の成人式は〔成〕凡夫式へと名称を変更してもよいかもしれません。凡夫になってよかった、とみんなでお祝いしてあげましょう。とはいえ、りっぱな凡夫的人間になることを人生の目的にするのではなく、りっぱなボサツ的人間になることを人生の目的にすべきであると思います。〔成〕ボサツ式の後の成長については、焦ることはありません。成人になった者がすべて大人として尊重されるように、ボサツになった者はすべてボサツとして尊重されるので、それぞれのペースで成長すればよいのではないでしょうか。

わたしたちの成長のイメージを中国の隋の時代の仏教者である天台智顗の十界互具の思想から着想しました（十界互具の思想そのものではありません）。十界とは、地獄界・餓鬼界・畜生界・阿修羅界・人間界・天上界・声聞界・縁覚界・菩薩界・仏界の十界です。最下位のこころのあり方が地獄界で、最上位のこころのあり方を仏界とします。どんな極悪人であっても二十四時間ずっと地獄界にいるわけではありません。一瞬であれば仏界のこころをもつこともあるかもしれません。また、仏様のようだといわれる人であっても二十四時間ずっと仏界にいるわけでもありません。一瞬であれば地獄のこころをもつこともあるかもしれません。あくまでもイメージです。わたしたちのこころは一瞬ごとに揺れ動いていて、これら十界を行きつ戻りつしているものです。重要なのは、一日のなかで最も長い時間をすごしているのはどの界かということです。たとえば昨日は阿修羅界が六〇パーセントだった、今日は人間界が七〇パーセントだった、と振りかえることができます。昨日今日だとあまりはっきりしませんが、二、三年くらい経つと、以前は阿修羅界の状態が多かったけれど、最近はようやく人間界の状態が多くなった、などと実感できるものです。これを成長の実感として目安にできるのではないかと思います。たとえば人間関係において、以前だとこのような対処はできなかったけれど、いまはこのように対処できる、などのように、実際の生活のなかで感じることもあるでしょう。ボサツにもレヴェルがあります。凡夫的人間からボサツ的人間へ、さらによりよいボサツ的人間へと成長するということですが、すでにボサツ的人間であれば、焦ることなく落ち着いて自分なりのペースで成長の軌跡を刻んでいけばよいと思います。仏界が上がりのゲームではないのですから。

五　未と超の混同

本章の第一節で、わたしたち凡夫の枠組みである未我と自我で無我を解釈すると、未我と無我の混同が生じ、けっきょく理解不能な解釈にならざるを得ませんでした。そこで枠組みを拡げてみると、仏教がいう無我がじつは超我であることが理解され、無我に対する疑問は払拭されました。ところが、新たな問題が発生します。今度は未我と超我が混同される恐れがあるのです。未我も超我も〔無我も〕、自我ではないという意味では共通しています。また、自我の自他分離感・孤立感とは異なり、自他融合感・一体感があるという意味でも共通しています。これらの紛らわしい共通点のせいで、未我も超我も〔無我も〕同じ〔ような〕ものに見えてしまうのです。結果として、枠組みがあいまいだったときにも未我と無我は混同されてきたし、枠組みを拡げたとしても、依然として、未我と超我が混同される恐れがあります。

どのようにすれば、この問題を解決できるでしょうか。ここで、自他融合感・一体感について考えてみましょう。たしかに未我の段階でも自他融合感・一体感はあります。しかし、それはいわば物質的な自他融合感・一体感であり、理性はまだ現われていません。超我の段階は自我の段階を経ていますから、理性を含んだ全心身的な自他融合感・一体感であるといえます。自他融合感・一体感という同じことばで表現されていますが、内容はまったく異なります。この理性を獲得しているか否かの違いが明確でなかったので区別ができなくなり、枠組みがあいまいだったときにも未我と無我は混同されてきたし、枠組みを拡げたとしても、依然として、未我と超我が混同される恐れがあったと考えます。

そこで、(1)「無我」ではなく、「超我」ということばを積極的に採用すること、(2) そのうえで「未我→自我→超我」という大きな枠組みを設定すること、(3) さらに理性を獲得しているか否か、この三点に注意する必要があります。そうすれば、これまで無我について生じていた誤解は完全に解消されると思います。あわせて、とくに (3) によって、未我と超我が混同される恐れも解消されると考えます。

同じように、本章の第二節では、わたしたち凡夫の枠組みである未分別と分別で無分別を解釈すると、未分別と無分別の混同が生じ、けっきょく理解不能な解釈にならざるを得ませんでした。そこで枠組みを拡げてみると、仏教がいう無分別がじつは超分別 (すなわち智慧) であることが理解され、無分別に対する疑問は払拭されました。ところが、新たな問題が発生します。今度は未分別と超分別が混同される恐れがあるのです。未分別も超分別も〔無分別も〕、分別ではないという意味では共通しています。また、分別の自他分離感・孤立感とは異なり、自他融合感・一体感があるという意味でも共通しています。これらの紛らわしい共通点のせいで、未分別も超分別も〔無分別も〕同じ〔ような〕ものに見えてしまうのです。結果として、枠組みがあいまいだったときにも未分別と無分別は混同されてきたし、枠組みを拡げたとしても、依然として、未分別と超分別が混同される恐れがあります。

どのようにすれば、この問題を解決できるでしょうか。ここで、自他融合感・一体感について考えてみましょう。たしかに未分別の段階でも自他融合感・一体感はあります。しかし、それはいわば物質的な自他融合感・一体感であり、理性＝分別はまだ現われていません。超分別の段階は分別の段階を経ていますから、理性＝分別を含んだ全心身的な自他融合感・一体感であるといえます。自他融合感・一体感という同じことばで表現されていますが、内容はまったく異なります。この理性＝分別を獲得しているか否かの違いが明確でなかったので区別ができなくなり、枠組みがあいまいだったときにも未分別と無分別は混同されてきたし、枠組みを拡げたとしても、依然として、未分別と超分別が混同される恐れがあったと考えます。

そこで、（1）仏教でいう「無分別」は「超分別」の意味であることを理解し、「超分別」を「智慧」と言い換えること、（2）そのうえで「未分別→分別（理性）→智慧（超分別)」という大きな枠組みを設定すること、(3)さらに理性＝分別を獲得しているか否か、この三点に注意する必要があります。そうすれば、これまで無分別について生じていた誤解は完全に解消されると思います。あわせて、とくに(3)によって、未分別と超分別が混同される恐れも解消されると考えます。分別＝理性の妥当性を認め、超分別を智慧と言い換えることによって、理解がより容易になるでしょう。

「赤子のようになるのが無我の境地である」「赤子のようになるのが無分別の境地である」「わたしたちはもともと悟っている」という仏教者のことばは、凡夫的な枠組みにおいて理解不能な混乱をもたらしました。枠組みを三段階に拡げて理解しようとしますが、やはり混乱をもたらします。しかし、今度は理解できます。前と超を混同しているよい事例になっているからです。この仏教者には、自我ないし分別以後と自我ないし分別以前が同じものであるかのように見えているのです。本来、自我ないし分別以後に進むべきわたしたちの成長を、自我ないし分別以前に戻してしまいかねません。このような混同はおそらく、修行の目的が見失われ、成長の方向が見失われたときに現われてくるように思われます。よく理解し注意して、そこにおちいらないように気をつけていなければなりません。

「主客未分」ということばがあります。わたしたちの認識において、認識する主体と認識される客体とが分かれて現われる前の状態を想定しているようです。その定義に何の異存もありません。未分というのですから、いずれ分離していくのでしょう。分離した後はどうなるのでしょうか。分離した後はどのようにあるべきか、それを問題にすべきであると考えます。もともとの意図とは異なった解釈になっているかもしれませんが、ここでは前と超の混同にひき寄せて考えてみます。瞑想を行なっていると主客未分のような状態を実現できます。それゆえ、仏教の修行の目的を見失い、成長の方向を見失った者には、主客未分の状態が仏教が目指す究極の境地のように見えることがあるようです。ところが、瞑想しているときは主客未分の状態になれますが、瞑想から出るともとの主客分離の状態にもどってしまいます。そうなると、一度仏教の究極に到達したと思った者にとっては、自分自身がひどく後退しているように感じられるようです。そのために、再度主客未分の状態を実現したいと瞑想にはげみます。このくり返しです。自我ないし分別以後を目指すはずが、実際には自我ないし分別以前を目指すようになります。この場合、瞑想すること自体が目的になってしまう恐れもあります。主客未分から主客分離へと進み、さらに主客融合へと成長するというシナリオがあれば、もっと違った展開になるであろうと推察します。「考えないこと」が仏教の究極であり、それが苦しみから救う方法である、と本気で考えている仏教者もいます。そのようなことを「考えない」でいただきたいと思います。これも前と超の混同のよい事例です。未我と無我（超我）、未分別と無分別（智慧）の場合と同じように、苦しみ以前と安らぎはいずれも苦しみではないという点で共通しています。両方とも苦しみを感じない段階です。したがって、苦しみを滅して安らぎを得る、というときに、苦しみ以前が安らぎのように見えて誤解されてしまうことがあります。たしかに、苦しみ以前は苦しみではありません。しかし、これは理性が現われる以前の段階であり、理性以前の無知によって保護されている状態です。そのために苦しみを感じなくてすんでいるだけです。いずれ成長して理性が現われれば、かならず苦しみを感じるようになります。一方で、安らぎも苦しみではありません。しかし、すでに理性が現われています。その理性を超越して得られる安らぎは、苦しみ以前の段階の苦しみがない状態とは明確に異なります。何も考えなければ一時的に苦しみから解放されたように感じることもあります。自己確立の段階での病理に対する心理療法としては有効な場合もありますが、実存的な苦しみからの解放という意味では一時しのぎにすぎず、根本的な解決にはつながりません。

仏教は目的である実存的な苦しみの消滅＝安らぎ＝涅槃を強調するあまり、苦しみの段階を極端に否定しているように感じられることがあります。苦しみの段階はわたしたちがようやく到達した自我や分別の段階でもあります。したがって、自我や分別も極端に否定しているように感じられます。自我や分別を忌み嫌うせいで、仏教の修行の目的を見失い、成長の方向を見失った者には、自我や分別がないことがそのまま仏教の究極であるかのように見えてしまうことがあります。自我ないし分別以前と自我ないし分別以後との混同が起こり、ほとんどの場合、自我ないし分別以後に進まず、自我ないし分別以前に戻ってしまいます。自我を否定して無我になる、分別を否定して無分別になる、それが何よりも重要なことになります。文字通りの無我（我をなくすこと、我を捨てること）や無分別（分別をなくすこと、分別を捨てること）になるように励んでしまうのです。

先の戦争において、「天皇陛下のために死ぬことが無我である」かのような妄言を、なぜ多くの禅者が発したのでしょうか。さまざまな要因があげられると思いますが、少なくとも個別の禅者の資質のせいにすべきではないと思います。そうすることで見えなくなるものの方が重要だと思われるからです。筆者は、自我や分別を捨てたりなくしたりすることが正しい仏教の悟りにつながるとする教義を問題にすべきであると考えます。かれらは、表現は過激ですが、教義的に正しいと分別して発言しているのではないでしょうか（ここは分別しています）。教義的にどこがなぜ間違っているのかが分からなければ、反省のしようがありません（分別を本当に捨てていれば反省もありません）。筆者は、分別＝理性＝批判精神の欠如とあわせて、前と超の混同によって、正しい仏教の悟りにつながらない方向を正しい方向と勘違いしてしまったことが要因の一つではないかと思っています。修行が進んで瞑想が上達すると、瞑想中はたしかに分別はなくなります。しかし、いかに瞑想の達人であったとしても、日常に戻ったときには分別していることが自分でも確認されてしまいます。分別がなくなった状態を究極と考える立場から見ると、修行がひどく後退しているように感じられます。分別はあって当然なのですが、そのような自分自身を許すことができないまま忸怩たる思いが積み重なります。無意識のうちにたまった不達成感や不満足感が、どうにもならないいらだちとして自分以外の他者に向かうときに、より過激な表現になるのではないでしょうか。修行上で生じる精神的な不安や動揺は教義上で収めてあげるべきだと思います。いまだに、「坐っていることが悟りである」、「坐禅することに意味はない」などの言説がまかり通っているようなので、教義として問題視もされていないようです。分別があることは修行の後退ではありません。質が高まった分別＝智慧という視点をもつことです。再び同じことをくり返さないためにも、自我や分別の妥当性を認めつつ、さらにそれらを含んで超えて成長していく方向に目覚めていただくことを切に願っています。そうなれば、大切に守ってきた瞑想の伝統がボサツ精神とともに輝く時代がかならずやってくると思います。

自我や分別の極端な否定という意味では、「はからいをしない」ことも大いに見直されるべきであると考えます。「はからいをしない」とは、自我や分別を捨てたりなくしたりすることです。それは自力を否定し、他力に任せることでもあります。先の戦争においては、天皇陛下への滅私奉公と置き換えられて、権力者たちにうまく利用されました。もちろん、自分たちも積極的に加担しました。宿命として自然に起こった戦争なので、はからうこともなく、ありのままに受けいれました。実際には、人為的に起こされた戦争を、権力をはからって、そのままに受けいれただけです。この文脈で「ありのまま」ということばを使うのは適切ではありません。前と超の混同を生じ、凡夫以前のそのままが超凡夫のありのままであるかのような誤解を招きます。仏教的に究極の境地になったかのように勘違いして、非道な行為が正当化されます。しかし、他力が天皇陛下に置き換えられても従ってしまう信仰とは何だったのでしょうか。そもそも「自力を捨てて、他力に任せる」とは、誰がはからったのでしょうか。はからうことが許された人々がはからったに違いありません。「はからいをしない」というはからいも、「自力を否定し、他力に任せる」というはからいも、他力が天皇陛下と置き換えられても従うというはからいも、かれらが行なっているはずです。いまでも、はからいをしたとはからわれた住職が排除されているようですから、基本的な構造は変わっていないのでしょう。

わが国の地方の村では、いまだに昭和天皇の御影とご先祖様の写真、仏壇と神棚がいっしょに祀られている家が残っています。これらは一体であるという信仰があるのです。他力と天皇陛下が置き換えられても従うことができた基盤はここにあると思います。けっして否定的に述べているのではありません。この緩やかな一体感に希望があると思っています。ただし、他力の本質が明らかになり、救われるとはどういうことか、救われるためには何ができるのか、あるいは何をしてはいけないのかなど、信仰のあり方が問い直された場合、という条件がつきます。そのためには、自我や分別の妥当性を認め、はからうことを平等に開いていく必要があります。凡夫以前への退行を防いだうえで、自我や分別を信頼してあげましょう。それは凡夫である自分自身への信頼の回復でもあります。他力の本質が分別によって理論的にでも洞察され解明されれば、救いということばがもつ意味内容にも変化がもたらされます。そのプロセスにおいて、「超」への成長の可能性も理解され、道も開かれて、ゴータマ・ブッダの伝統につながる「無上の安穏であるニッバーナ（涅槃）」が、これも明らかにされるであろう浄土の本質そのままに姿を現わしてくることでしょう。

終章

原始仏教経典には、出家者、在家者を問わず、自分は死んだらどうなるのかという問題にきわめて関心が高かったことをうかがわせる記述が多く残されています。死んだらどうなりたいのかという観点では、みなが地獄などの悪道には絶対に行きたくない、できれば人間界か天界に生まれたい、最終的には輪廻から解脱したい、と思っていたようです。ゴータマ・ブッダはこのような人々の期待に応えて、弟子たちが死んだ後にどうなったのかを告知しています。なぜそのようなことをするのでしょうか。ゴータマ・ブッダには目的があったようです。『マッジマ・ニカーヤ』第六八経では、「如来は弟子が死んだときに、「かれはどこそこに再生している」などと告知するが、それは人を欺くためでもなく、尊敬を受けたいためでもなく、自分の偉大さを誇示したいためでもない。〔出家者、在家者を問わず、〕そのことを聞いた者が真実のために心を集中できるようにと思ってのことである。かれらの利益と安楽のためである」と述べています。

日頃から身近にいた者であれば、どのような修行生活を送っていたのか、どのような言動をしていたのかについては、誰もがよく知っています。その人が死後天界に生まれたり、輪廻からの解脱を保証されたという話を聞けば、その人を見ならって生活すると自分も同じようになれるのではないかと考えるのは当然です。それぞれに明確な目標ができて、修行に身が入るようになるでしょう。そのような効果を狙って、ゴータマ・ブッダは弟子の誰かが死んだときに、死後についての告知をしたと思われます。出家者、在家者を問わず、仏教の教団を構成していた男性の出家修行僧、女性の出家修行僧、男性の在家信者、女性の在家信者について語っています。少なくとも地獄や餓鬼、畜生に再生したとは告知しないという暗黙のマナー（?）もあったようです。無用の不安や恐怖は与えないという配慮からなのでしょうか。あるいは、みずからのもとで修行に励む人々に対する揺るぎない信頼からなのでしょうか。

教団が大きくなるにつれて、ゴータマ・ブッダが会ったこともない人々も加わってきます。そのような弟子たちの死後については、ゴータマ・ブッダも答えようがなかったのではないでしょうか。「ある村の数十人の弟子たちの死後は……」などとおおざっぱに語ることもあったようです。『ディーガ・ニカーヤ』第一六経では、「アーナンダよ。人間であれば死ぬことは不思議ではない。〔それなのに、〕誰かが死ぬたびにその意義を問われるのは、如来にとって煩わしいことである。仏に対する絶対的な浄信と法に対する絶対的な浄信と僧に対する絶対的な浄信と瞑想につながる善い生活習慣をそなえた弟子であれば、「わたしは地獄などの悪道には行かない。わたしは輪廻からの解脱が保証されている」と自分自身で告知してもよい」と述べています。別の箇所では、在家信者のアナータピンディカに対しても同様のことを語っています。しかし、たとえゴータマ・ブッダがこのような許可を与えたとしても、実際には誰もみずから告知することなどできなかったのではないでしょうか。同じように他者に対する告知も、ゴータマ・ブッダ以外にはできなかったのではないかと推察します。智慧第一と呼ばれたサータプッタでさえ、ある修行僧が死んだときに、ゴータマ・ブッダに死後の行き先をたずねているくらいですから。誰にとっても畏れ多い行為ではなかったかと思われます。

『アングッタラ・ニカーヤ』「第六集ダンミカ品」に興味深い逸話があります。禁欲者であった父親と禁欲者ではなかった伯父について、ゴータマ・ブッダは二人とも同一の天界に生まれたと告知したが、それをどのように理解すればよいのかと質問した女性の在家信者がいました。厳しい修行をしてきた者といい加減に修行をしてきた者、厳格に戒律を守った者と適当に戒律を破った者が受ける報果が同じであれば、善因善果、悪因悪果という因果応報の原則がくずれてしまいます。この質問に対して、同じ報果をもたらした原因というのは禁欲だけではない、要因は複雑すぎるのでむやみに詮索しても容易に分かるものではないというような答え方をしています。ちなみに同じ報果になった大まかな原因は、父親は生活習慣は充分であったが智慧が充分でなく、伯父は智慧は充分であったが生活習慣が充分でなかったということのようです。

因果応報のメカニズムがそれほど単純ではないということは想像できます。上記ではそれなりに説明しようとはしていますが、まだまだ疑問は残ります。善悪の行為の報果という問題についても、そもそも善悪は誰が決めるのでしょうか。善悪の基準は何なのでしょうか。善と悪の行為は別々に報果をもたらすのでしょうか。それとも合算して報果をもたらすのでしょうか。合算するのであれば、合算の仕方はどのような計算方法になっているのでしょうか。上記の話では、合算方式によって同じ天界に生まれるという報果になったような印象です。一つひとつの行為にポイントがつくのでしょうか。ポイント一〇点で天界とか？　よく分かりません。

輪廻にしても、来世は火星の石ころに再生する、などという話は聞いたことがありません（昔、夕焼けだった、という人はいましたが）。すなわち、輪廻は生命体の枠内で成立しているはずです。しかし、三八億年前には地球上に生命体はいなかったとされています。また、四六億年前にはそもそも地球が存在しませんでした。そうなると、輪廻は地球ができてからのどこかの時点で始まったことになります。生命体の始まりが輪廻の始まりなのでしょうか。では、最初の生命体は何の因果で生じたのでしょうか。原因がなくして結果があるはずはありません。生命体以外から始まったとすれば、生命体の枠内で輪廻するという原則がくずれます。輪廻には始まりがない、といわれますが、けっきょく分からないということでしょう。誰にも分からないことを誰も分からないまま、誰かは分かっているだろうという暗黙の了解のもとに継承されてきた、輪廻という壮大な物語に対して、ゴータマ・ブッダはじつに巧みに、また柔軟に対応していると思います。

『マッジマ・ニカーヤ』第七二経には、解脱した者の行き先について、次のような会話が交わされています。「解脱した修行僧はどこに再生するのですか」「あなたの前で燃えている火が消えたとしよう。そのときに、消えた火はここからどこに行ったといえるであろうか。東か、それとも南か、西か、それとも北か」「火は燃料があって燃えていたのであり、燃料がなくなれば、火は消えたと呼ばれるだけです」「そのように、解脱した修行僧が〔どこかに〕再生するというのは適切ではない」と。火と燃料の譬えは『サンユッタ・ニカーヤ』「無記相応」第九経にもあります。「わたしは執着（燃料）がある者に対して〔どこかに〕再生すると告知する。たとえば、火は燃料があれば燃えるし、燃料がなくなれば消える。そのように、わたしは執着（燃料）がある者に対して〔どこかに〕再生すると告知するのである。燃料とは渇愛のことである」と。十二因縁の渇愛以下の項目を思いおこさせます。筆者は、「……自己中心的な欲望（渇愛、愛）を燃料（取）とする生存（有）がいとなまれることになる。……実存的な苦しみが生じる」、また「……自己中心的な欲望が消失し燃料がなくなれば、ばらばらに分離され孤立した自己を中心とする生存がいとなまれなくなる。……実存的な苦しみは滅し安らぎが得られる」というように、実存苦の問題として解釈しています。

『アングッタラ・ニカーヤ』「第三集大品」には驚くべき記述があります。「貪りと怒りと愚かさを離れ、慈・悲・喜・捨という心をもってすごす者は、次のような安心を得る。すなわち、来世があり、善悪の行為の報果があるとすれば、死後は善道、天界に生まれる。来世がなく、善悪の行為の報果がないとしても、現世で怨みなく、怒りなく、悩みなく、安楽にすごせる」と。善い行為をすれば、来世がある場合には天界が約束され、来世がなくても現世で称讃されます。悪い行為をすれば、来世がある場合には悪道が約束され、来世がなくても現世で非難されます。いずれにしても、善い行為をする方が善い生き方であるという結論になります。きわめて合理的な解釈であるといえます。とはいえ、来世があるのが疑いのない事実として共有されていた世界で、「もし来世があれば」などという言い方は驚愕すべきものであったと思われます。

ゴータマ・ブッダは輪廻にまつわるさまざまな俗信や習俗についても合理的な観点から批判し、そこに含まれている本質的な意義を見出そうとします。『マッジマ・ニカーヤ』第七経では、「人々は、バーフカ河は清浄であり、そこで沐浴する者の悪業を洗い流してくれると考えています」と語るバラモンに対して、「愚者は河で沐浴するが、悪業は浄まらない。バーフカ河は罪を犯す者や悪事にふける者を浄めはしない。殺生をせず、盗みをせず、嘘をつかないならば、すなわち悪業を行なわなければ、そもそも沐浴などする必要はない。内面が汚れていれば、外面だけ沐浴しても意味はない」と批判します。一方で、大切なのは善い行為をして善い生き方をすることであると指摘し、それを「水のない沐浴」と呼んで、沐浴の意義を根本から問い直そうとしています。

『サンユッタ・ニカーヤ』「村長相応」第六経では、「火を祀るバラモンたちは死者を天界に再生させます。あなたはできますか」と問われて、次のように答えています。「たとえどんなに祈っても、悪い行為をした者を天界に再生させることはできない。どんなに祈ったとしても、池に投げいれた大きな石を浮かびあがらせられないのと同じである。また、たとえどんなに祈っても、善い行為をした者を地獄に再生させることはできない。どんなに祈ったとしても、池に投げいれた油を沈んでいかせられないのと同じである」と。

ゴータマ・ブッダの切り口はきわめて鋭く合理的で、たとえも巧みです。当時の宗教者のなかでも突出していたのではないでしょうか。因果応報の原則に則りながら、人々が善い行為をして善い生き方ができるように導いていきます。その熱意と能力には驚くばかりです。ただ、合理性だけですべてを解決できるわけではありません。筆者はむしろ、ゴータマ・ブッダはあまりにも合理的すぎたがゆえに、実存の苦しみを深く抱えこんでしまったのではないかと思っています。苦しみは幸いにも解決され、安らぎが得られました。自己を縛り、苦しみをもたらす大きな要因にもなった合理性でしたが、苦しみが解決された後は、何の制約を受けることもなく自由自在に発揮されているように見えます。合理の段階を含んで超えている超合理の段階のあり方をよく体現していると思います。合理性はゴータマ・ブッダの思想の一部です。合理以前から合理を経て、合理を含む超合理へと成長したゴータマ・ブッダの思想の全体像に近づくためには、従来とは異なる、新しい形式の探究方法が模索されるべきであると考えます。

筆者は輪廻について何も知りません。前世があったとしても、その記憶はありません。最近では昨日の夕飯の献立の記憶もありませんから、記憶がないからといって前世がないとはいいきれません。とはいえ、前世についての手がかりは何もありません。現世にこのような容貌でこのような能力をもった人間として生まれたのはなぜなのでしょうか。同じ両親から生まれた兄弟姉妹でありながら、まったく異なった人間であるのは不可解です。この違いを生みだすものは何なのか、その原因は前世にあるのか、いろいろと知りたくなりますが、現世を生きるので精一杯で、手がかりのない前世についてはほとんど考えたことはありません。

来世については手がかりがあります。一九六四年一〇月一〇日一四時〇〇分の「わたし」の行為は、現世で六〇年近くの時間を経過しても、自分自身の内外に影響をもたらしています。そうであれば、その影響力はもっと時間が経って、筆者自身の現世の存在が消え去った後も残るのではないかと思われます。筆者自身の現世の存在が消え去った後にその影響力をひき継いだ存在の始まりを来世と呼ぶのであれば、そのメカニズムは分かりませんが、行為の影響力は来世にもひき継がれるといえます。あくまでも想像ですが。しかし、前世と現世との関係で推測すると、先ほど述べたように、ひき継がれたとしてもひき受けた者にその記憶はおそらくないでしょう。過去・現在・未来という時間の流れのなかで、前世の「わたし前」の行為の影響力が現世の「わたし現」にひき継がれ、現世の「わたし現」の行為の影響力は来世の「わたし来」にひき継がれていくのかもしれません。ただし、前世の「わたし前」と現世の「わたし現」と来世の「わたし来」は別物（人間とは限らない）です。記憶がないので、同じ「わたし」という確信がもてません。同じ「わたし」がずっと継続するわけではないので、通常の意味の輪廻とは異なります。

人生は行為の連続です。すべての行為の影響力がひき継がれるわけでもないようです。強い影響力をもっている行為だけが「わたし」の行為としてひき継がれるのかもしれません。しかし、ひき継がれた行為の影響力をひき受ける者には記憶がありません。ときどき、何かの手違いで前世の記憶が残っている者がいるようですが、その記憶もまもなく消えていくそうです。現世を生きるためには前世の記憶は邪魔になるのでしょうか。

通常の意味の輪廻では、同じ「わたし」が生まれ変わることになっています。自業自得が原則で、「わたし」が行なった行為の結果を同じ「わたし」が受け取ります。前世の「わたし」の行為の影響力が現世の「わたし」の存在形成に大きく関わっています。同じように、現世の「わたし」の行為の影響力は来世の「わたし」の存在形成に大きく関わります。筆者が思うに、前世の「わたし」は現世の「わたし」がより善い結果を得られるために善い行為をするように心がけたはずです。同じように、現世の「わたし」も来世の「わたし」がより善い結果を得られるために善い行為をするように心がけようと思うはずです。善いことをすれば善い結果がもたらされるという因果応報の要請にもとづいた、わたしたちの倫理道徳の源泉です。しかし、それはすべて同じ「わたし」のためです。自己中心的な凡夫的人間の倫理道徳であるといえます。

筆者の考える輪廻では、前世の「わたし前」と現世の「わたし現」と来世の「わたし来」は「わたし」のようで「わたし」ではなく、他人のようで他人ではありません。このように考えると、「わたし前」は過去のすべての人類の誰かの可能性があります。また「わたし来」は未来のすべての人類の誰かの可能性があります。わたしたちが現在それぞれの「わたし現」のために行なっている行為は「わたし現」だけでなく、「わたし来」すなわち未来のすべての人類の誰かのためでもあるということです。自分のために行なうことがそのまま他者のためでもあるかもしれないのです。凡夫的人間は同じ「わたし」に善い結果をもたらそうとしますが、じつはそれは他者のためでもあるとも考えられるということです。この自利利他の行為の考え方はボサツ的人間の倫理道徳の源泉になり得ると思います。人類全体の問題としても有効な考えなのではないでしょうか。わたしたちはこれまで通り、自分のために善い行為をすればよいだけです。それはそのまま全人類のための善い行為になっているのです。わたしたち凡夫は自己中心的で自分のことしか考えられないと思われていますが、現に行なっている行為そのものが「わたし」以外の他者のための行為でもあるのです。凡夫的人間からボサツ的人間への成長、およびボサツ的人間としてのあり方を考えるうえで、多少とも異なる視点からのアプローチにつながればと思います。

あとがき

わたしたちは自分自身が存在していることに気がついたときには、すでに自分自身が存在していたので、わたしがどこから〔存在して〕来たのかわかりません。自分自身の存在の由来あるいは根拠がわからないので、わたしが何ものかわかりません。そのうちに、自分自身が存在しなくなることにも気がつきますが、わたしがどこに行くのかわかりません。ひょっとすると、わたしたちは自分自身が死んだことに気がついたときには、すでに自分自身は死んでいるので、やはりわたしがどこから〔死んで〕来たのかはわからないかもしれません。

起源もわからず、理由もわからず、その価値があるのかどうかもわからないままに、わたしたちは生きていかなければなりません。わたしたちの存在の根底に潜んでいる、このようなどうしようもない訳のわからなさや不確かさについて、人生のなかで気がつく人はあまり多くありません。たとえ気がついたとしてもその謎が解決できるわけではありません。それでも、気づいた人のなかには人生で解決すべき最も重要な問題として深刻に受け止め、生涯をかけて格闘する人もいます。しかし、多くは悲劇的な結末を迎えます。それはははっきりした敗北です。

多くの気がつかない人も、気がつかないまま同じ条件のもとで生きていかざるをえません。実際にはうすうす感づいているのですが、人生を楽しくすごすためには目をつむって気づかないふりをします。「目を閉じていれば、生きていくことは楽なもの」だからです。とはいえ、人生はわたしたちの思い通りにならないことばかりです。ふとしたきっかけで覗きこんだ深淵から突然襲ってくる無力感や不条理感、さらには虚無感からは逃れようもありません。

これらの不安や恐怖を解消し、安心できる人生にするために、わたしたちは特別な装置を発明します。宗教や哲学によって、問題を解決できそうな世界観や人生観を創造して、みずからの存在の理由や根拠や価値を絶対的なものとして確立しようとします。それは仮の解決には役立ちますが、けっして真の解決にはいたりません。そもそも原理的に絶対的に確かであるとはいえないからです。創造された世界観や人生観はけっきょく相対的なものにすぎません。絶対的な自信がないので、つながりを求め仲間をつのります。集団を作るのは自信のなさの裏返しです。いずれ矛盾が現われます。それはあいまいなままの、いわば埋没した敗北です。

わたしたちは自分自身の存在を認識したときには、すでにわたしがいて、わたし以外のものがわたしとは別に存在しているという、自他分離的な認識が身についていました。その認識のあり方は最初から与えられていたので、疑問に思うこともなく、当然唯一正しい認識のあり方であることを受けいれてきました。それ以外の認識のあり方があるとは思ったこともありません。先に述べた存在の訳のわからなさや不確かさに気がつくのは、このような自他分離的な認識を身につけた「わたし」です。「わたし」が抱く謎です。「わたし」が形成されてこそ現われてくる疑問であり、訳のわからなさや不確かさです。同様に、無力感や不条理感や虚無感も自他分離的な「わたし」が形成されてこその感覚です。

ゴータマ・ブッダはこのような自他分離的な「わたし」を形成する力としてサンカーラを見出しました。サンカーラがはたらくことによって自他分離的な「わたし」が形成され、その自他分離的な「わたし」が先ほどのような解決不能な謎を抱くのです。いま「解決不能」と述べました。正確には「解決不能と思われてきた」だけです。じつは解決可能です。本書をここまで読み進めてこられた方はすでに解決済みだと思います。期待をこめて、そうなっていればうれしいです。それはとりもなおさず、ゴータマ・ブッダの思想の根本を理解したことにもなるからです。

本書では、ゴータマ・ブッダが苦しみを滅した後のこころのあり方ないし人間存在のあり方を、わたしたちのような凡夫的人間から成長したボサツ的人間のあり方として提示しています。ここはこれまでの菩薩の概念を変える必要があります。ボサツとは、わたしたちが拝んだり願い事をするものではありません。鑑賞用の芸術作品でもありません。凡夫から成長をとげたわたしたち自身の将来の姿なのです。それは同時に、わたしたち人類が目指すべき世界を担う「新しい人間のモデル」でもあります。ボサツ的人間という新しい人間のモデルを手がかりとして、さまざまな分野でこれまでよりも質的に高まった人間的営為の模索が求められます。混迷をきわめる現在の世界をあるべきその先へと進めていくための一助になればと強く思います。

最後になりましたが、本書の刊行を快諾してくださった春秋社の神田明社長に感謝申しあげます。また、編集部の佐藤清靖氏と水野柊平氏には適切なアドヴァイスをいただきました。ありがとうございました。

二〇二一年七月七日

羽矢　辰夫

著者略歴
羽矢辰夫（はや　たつお）
1952年、山口県に生まれる。
1975年、東京大学文学部印度哲学印度文学科卒。
1983年、東京大学大学院博士課程単位取得退学。
現　在、創価大学大学院教授。
著　書、『ゴータマ・ブッダ』
『ゴータマ・ブッダの仏教』
『スッタニパータ――さわやかに、生きる、死ぬ』
『ゴータマ・ブッダのメッセージ――「スッタニパータ」私抄』

ゴータマ・ブッダ　その先へ――思想の全容解明
二〇二一年八月二十日　第一刷発行
著　者　羽矢辰夫
発行者　神田　明
発行所　株式会社　春秋社
東京都千代田区外神田二―一八―六（〒一〇一―〇〇二一）
電話〇三―三二五五―九六一一　振替〇〇一八〇―六―二四八六一
https://www.shunjusha.co.jp/
印刷所　株式会社　太平印刷社
製本所　ナショナル製本協同組合
装　丁　伊藤滋章
定価はカバー等に表示してあります

ISBN978-4-393-13451-1